GREEKISH: RESEPI SETIAP HARI DENGAN AKAR YUNANI

Menikmati Intipati Masakan Yunani melalui 100 Resipi

I Ganesh Sakadivan

Bahan Hak Cipta ©2024

Hak cipta terpelihara

Tiada bahagian buku ini boleh digunakan atau dihantar dalam apa jua bentuk atau dengan apa cara sekalipun tanpa kebenaran bertulis yang sewajarnya daripada penerbit dan pemilik hak cipta, kecuali petikan ringkas yang digunakan dalam semakan. Buku ini tidak boleh dianggap sebagai pengganti nasihat perubatan, undang-undang atau profesional lain.

ISI KANDUNGAN

ISI KANDUNGAN 3

PENGENALAN 7

SARAPAN YUNANI 8

    1. Kaserol Telur Dadar Yunani 9
    2. Pai Keju Yunani dengan Kacang dan Madu 11
    3. Mangkuk Sarapan Mediterranean 13
    4. Roti Bakar Avokado Yunani 16
    5. Roti Bakar Bijirin Penuh dengan Avokado dan Telur 18
    6. Telur Kacau Yunani 20
    7. Telur Goreng Yunani dengan Kentang dan Feta 22
    8. Cincin Roti Bijan Yunani 24
    9. Greek Breakfast Ladenia 26
    10. Puding Nasi Sarapan Greek (Rizogalo) 28
    11. Muffin Telur Sarapan Greek 30
    12. Kuali Telur Sarapan Greek dengan Sayur-sayuran dan Feta ... 32
    13. Pitas Sarapan Yunani 34
    14. Greek Yogurt Parfait 36
    15. Telur dadar Mediterranean 38
    16. Balut Sarapan Bayam dan Feta 40

SNEK YUNANI 42

    17. Greek Tzatziki Dip 43
    18. Keju Goreng Yunani 45
    19. Kentang goreng Yunani 47
    20. Greek Feta Dip 49
    21. Salad Buah Mediterranean 51
    22. Cumi dengan rosemary dan minyak cili 53
    23. Celup Terung Yunani 55
    24. Gulung Bunga Greek Spanakopita 57
    25. Roda Pin Tortilla Yunani 59
    26. Gigitan Timun Sumbat Yunani 61
    27. Cubi kentang berempah 63
    28. Keropok Salad Greek 65

29. Gigitan Roti Pita Greek 67
30. Bebola Zucchini Yunani (Kolokithokeftedes) 69
31. Baklava Energy Bites 71
32. Sudang galah gambas 73
33. Campuran Jejak Berinspirasikan Mediterranean 75
34. Gigitan Kurma & Pistachio 77
35. Terung dengan madu 79

MAKAN TENGAHARI YUNANI 81

36. Kentang Lemon Klasik Yunani 82
37. Salad Yunani 84
38. Greek Chicken Gyros 87
39. Bebola Daging Yunani 89
40. Lada Sumbat Greek 91
41. Sup Kacang Yunani 93
42. Kacang Hijau Panggang Greek 95
43. Sup Lentil Yunani 97
44. Sup Chickpea Yunani 99
45. Greek Souvlaki 101
46. Lasagna Daging Yunani dan Terung (Moussaka) 103
47. Salad Chickpea Mediterranean 105
48. Ayam Herba Lemon dengan Quinoa dan Peach 107
49. Bungkus Salad Yunani 109
50. Salad Quinoa Mediterranean 111
51. Tuna Mediterranean dan Salad Kacang Putih 113
52. Sotong dan Nasi 115

MAKAN MALAM YUNANI 117

53. Daun Anggur Sumbat Yunani 118
54. Orzo Bakar Yunani 120
55. Greek Spanakopita 122
56. Pai Keju Yunani (Tiropita) 125
57. Gyros Kambing Masak Perlahan Yunani 127
58. Lamb Greek Stuffed Courgettes 129
59. Greek Lamb Kleftiko 131
60. Potongan Kambing Berempah dengan Terung Asap 133
61. Orang Asli Yunani dan Lamb Pasticcio 135

62. Salad Hijau Yunani dengan Feta Perap 137
63. Pitas Domba Yunani 139
64. Salmon Bakar Mediterranean 141
65. Lada Loceng Sumbat Quinoa Mediterranean 144
66. Lentil Mediterranean dan Stew Sayuran 146
67. Sayur Bakar dan Lidi Halloumi 148
68. Tumis Udang Mediterranean dan Bayam 150

VEGETARIAN YUNANI 152

69. Gyros Nangka Yunani 153
70. Skordalia Vegan Yunani 155
71. Salad Greek Orzo Pasta dengan Vegan Feta 157
72. Greek Chickpea Gyros 159
73. Moussaka Vegetarian Yunani 161
74. Zucchini Bakar Yunani dan Kentang 163
75. Nasi Vegetarian Yunani 166
76. Greek Gigantes Plaki 168
77. Goreng Tomato Yunani 170
78. Goreng Chickpea Greek 172
79. Stew Kacang Putih Greek 174
80. Bamie Vegetarian Yunani s 176
81. Mangkuk Sayur Bakar Greek 178
82. Bebola Sayur dengan Sos Lemon Tahini 180
83. Sayuran Panggang Yunani 182
84. Greek A ube igine dan Tomato Stew 184
85. Greek Avocado Tartine 186
86. Nasi Bayam Yunani 188
87. Sup Avgolemono Yunani 190
88. Pitas Sayur Yunani 192

PENJERAHAN YUNANI 194

89. Greek Butter Cookies 195
90. Kuki Madu Greek s 197
91. Kek Walnut Greek 199
92. Baklava Yunani 201
93. Nanas Nice Cream 203
94. Kek Oren Greek 205

95. GREEK DONUTS (LOUKOUMADES) 207
96. PUDING KASTARD SUSU GREEK 209
97. PASTRI SIRAP ALMOND GREEK 211
98. GREEK ALMOND SHORTBREAD 213
99. GREEK ORANGE BLOSSOM BAKLAV A 215
100. MADU YUNANI DAN BAKLAVA AIR MAWAR 217

PENUTUP **219**

PENGENALAN

Masuki dunia perisa Mediterranean yang dicium matahari dan terima intipati masakan Yunani dengan "GREEKISH: RESEPI SETIAP HARI DENGAN AKAR YUNANI." Dalam perjalanan kulinari ini, kami menjemput anda untuk menikmati permaidani yang kaya dengan citarasa yang mentakrifkan makanan Yunani—satu gabungan tradisi, kesegaran dan semangat Aegean yang membara. Dengan 100 resipi yang dipilih susun dengan teliti, buku masakan ini meraikan seni memasak di rumah, membolehkan anda membawa kehangatan dapur Greek ke dalam masakan anda sendiri.

Bayangkan perairan biru Laut Aegean, bangunan bercat putih berpaut pada lereng bukit, dan aroma minyak zaitun dan herba yang melayang di udara. "Greekish" bukan sekadar koleksi resipi; ia adalah pasport ke tengah-tengah Greece, di mana setiap hidangan menceritakan kisah warisan, pengaruh serantau dan kegembiraan makan bersama.

Sama ada anda seorang cef berpengalaman yang ingin mencipta semula perisa Greek asli atau tukang masak di rumah yang tidak sabar-sabar untuk menyelitkan hidangan anda dengan bakat Mediterranean, resipi ini direka bentuk supaya mudah diakses, lazat dan meraikan masakan Yunani setiap hari. Daripada moussaka klasik kepada salad Greek yang meriah, mulakan pengembaraan masakan yang membawa semangat meja Yunani kepada anda.

Sertai kami sambil kami meneroka keseronokan masakan Greek yang ringkas namun mendalam, di mana setiap resipi adalah peringatan bahawa makanan yang enak mempunyai kuasa untuk membawa anda ke pantai yang diterangi matahari, perhimpunan keluarga dan nadi keramahan Yunani. Jadi, kumpulkan bahan-bahan anda, terima semangat Mediterranean, dan mari nikmati intipati masakan Yunani melalui "Greekish." Opa!

SARAPAN YUNANI

1. Kaserol Telur Yunani

BAHAN-BAHAN:
- Dua belas telur besar
- Dua belas auns salad articok
- Lapan auns bayam yang baru dipotong
- Satu sudu dill segar
- Empat sudu teh minyak zaitun
- Satu sudu teh oregano kering
- Dua ulas bawang putih cincang
- Dua cawan susu penuh
- Lima auns tomato kering matahari
- Satu cawan keju feta hancur
- Satu sudu teh lada lemon
- Satu sudu teh garam
- Satu sudu teh lada

ARAHAN:
a) Ambil mangkuk besar.
b) Masukkan telur ke dalam mangkuk.
c) Pukul telur selama kira-kira lima minit.
d) Ambil mangkuk lain dan masukkan lada, lada lemon, dill segar, oregano kering, dan garam ke dalam mangkuk.
e) Campurkan semua bahan dengan baik.
f) Masukkan minyak zaitun dan bayam ke dalam mangkuk telur.
g) Campurkan bahan-bahan dengan baik dan masukkan bawang putih yang dicincang dan bahan-bahan lain.
h) Campurkan semua bahan kedua-dua mangkuk bersama.
i) Masukkan adunan ke dalam loyang yang telah digris.
j) Bakar kaserol selama dua puluh lima hingga tiga puluh minit.
k) Hidangkan kaserol apabila siap.
l) Hidangan sedia untuk dihidangkan.

2.Pai Keju Yunani dengan Kacang dan Madu

BAHAN-BAHAN:
- Lapan auns keju feta
- Satu pek helaian phyllo
- Satu sudu teh pudina kering
- Setengah cawan kacang cincang (pilihan anda)
- Satu cawan madu thyme
- Satu cawan yogurt Yunani yang ditapis
- Tujuh auns mentega

ARAHAN:
a) Ambil mangkuk besar.
b) Masukkan mentega ke dalamnya dan pukul sebati.
c) Masukkan yogurt Greek dan keju feta ke dalam mangkuk mentega.
d) Campurkan bahan-bahan dengan baik.
e) Masukkan pudina kering ke dalam mangkuk dan gaul rata.
f) Sapukan helaian phyllo dalam dulang pembakar yang telah digris.
g) Masukkan campuran keju ke dalam kepingan phyllo dan tutupnya dengan lebih banyak kepingan phyllo.
h) Bakar pai selama kira-kira empat puluh minit.
i) Hidangkan pai.
j) Tuangkan thyme madu di atas pai.
k) Hiaskan hidangan dengan kacang cincang
l) Hidangan sedia untuk dihidangkan.

3. Mangkuk Sarapan Mediterranean

BAHAN-BAHAN:
- 4 biji telur rebus lembut, masak ikut citarasa anda
- 8 auns cendawan butang putih, dibelah dua
- Minyak zaitun extra virgin
- Garam kosher
- 2 cawan tomato ceri
- 2 cawan bayi bayam, dibungkus
- 1 hingga 2 ulas bawang putih, dikisar
- 1 ½ cawan hummus
- Perencah Za'atar
- Zaitun (pilihan, untuk hiasan)

ARAHAN:

TULIS CENDAWAN:

a) Panaskan sedikit minyak zaitun dara tambahan dalam kuali di atas api sederhana tinggi.

b) Masukkan cendawan yang dibelah dua dan masak sehingga keemasan dan empuk, perasakan dengan secubit garam Kosher. Angkat dari api dan ketepikan.

TOMATO CERI LEPUH:

c) Dalam kuali yang sama, tambah sedikit lagi minyak zaitun dan panaskan dengan api sederhana.

d) Masukkan tomato ceri dan masak sehingga ia mula melepuh dan lembut. Angkat dari api dan ketepikan.

SEDIAKAN BAYAM:

e) Dalam kuali yang sama, tambah sedikit lagi minyak zaitun jika perlu, dan tumis bawang putih kisar sebentar sehingga naik bau.

f) Masukkan bayi bayam yang telah dibungkus dan masak sehingga layu.

g) Perasakan dengan secubit garam.

MASUKKAN MANGKUK:

h) Mulakan dengan menyebarkan lapisan hummus yang banyak di bahagian bawah mangkuk.

i) Susun telur rebus lembut, cendawan tumis, tomato ceri melepuh, dan bayam tumis di atas hummus.

j) Taburkan Za'atar ke atas bahan.

k) Jika dikehendaki, tambah buah zaitun untuk rasa tambahan dan hiasan.

4.Roti Bakar Avokado Yunani

BAHAN-BAHAN:
- Setengah cawan jus lemon
- Empat keping roti
- Setengah cawan tomato ceri
- Setengah cawan minyak zaitun extra-virgin
- Setengah cawan keju hancur
- Cili merah ditumbuk
- Setengah cawan timun cincang
- Seperempat cawan dill
- Setengah cawan buah zaitun Kalamata
- Dua cawan alpukat cincang
- Sedikit garam
- Secubit lada hitam

ARAHAN:
a) Ambil mangkuk besar.
b) Masukkan semua bahan kecuali hirisan roti.
c) Campurkan semua bahan.
d) Bakar hirisan roti
e) Sapukan adunan di atas kepingan roti.

5.Roti Bakar Bijirin Penuh dengan Avokado dan Telur

BAHAN-BAHAN:
- 2 keping roti bijirin penuh
- 1 buah avokado masak
- 2 biji telur rebus atau goreng
- Garam dan lada sulah secukup rasa
- Topping pilihan: tomato ceri, kepingan lada merah, atau herba segar

ARAHAN:
a) Bakar hirisan roti bijirin sehingga garing.
b) Tumbuk alpukat yang telah masak dan sapukan pada roti yang telah dibakar.
c) Teratas setiap keping dengan telur rebus atau goreng.
d) Perasakan dengan garam, lada sulah dan sebarang topping pilihan yang anda suka.
e) Nikmati avokado dan roti bakar telur anda!

6.Telur Kacau Yunani

BAHAN-BAHAN:
- Dua sudu besar minyak zaitun
- Dua telur besar
- Satu tomato ceri masak
- Sedikit garam
- Secubit lada hitam

ARAHAN:
a) Ambil kuali besar.
b) Masukkan minyak zaitun ke dalam kuali.
c) Masukkan tomato dan garam ke dalam kuali.
d) Masak tomato dengan baik, dan kemudian masukkan lada hitam ke dalam kuali.
e) Pecahkan telur ke dalam kuali.
f) Kacau bahan-bahan dengan baik.
g) Hidangkan apabila telur habis

7. Telur Goreng Yunani dengan Kentang dan Feta

BAHAN-BAHAN:
- Dua sudu besar minyak zaitun
- Dua telur besar
- Satu kentang cincang
- Enam puluh gram keju feta
- Sedikit garam
- Secubit lada hitam

ARAHAN:
a) Ambil kuali besar.
b) Masukkan minyak zaitun ke dalam kuali.
c) Masukkan kentang dan garam ke dalam kuali.
d) Masak kentang dengan baik dan kemudian masukkan lada hitam ke dalam kuali.
e) Pecahkan telur ke dalam kuali.
f) Masukkan keju feta yang telah hancur di atasnya.
g) Masak bahan-bahan dengan baik di kedua-dua belah.
h) Hidangkan apabila telur habis

8.Cincin Roti Bijan Yunani

BAHAN-BAHAN:
- Dua cawan tepung
- Tiga sudu besar minyak zaitun
- Dua sudu teh garam
- Setengah sudu teh yis
- Satu sudu teh gula
- Satu cawan biji bijan
- Satu cawan air suam

ARAHAN:
a) Ambil mangkuk besar.
b) Masukkan gula, yis, dan air suam ke dalam mangkuk.
c) Gaul rata dan ketepikan sehingga buih terbentuk.
d) Masukkan tepung dan garam ke dalam adunan.
e) Uli doh dengan baik dan mula membentuk struktur cincin daripada campuran doh.
f) Masukkan bijan di atas cincin dan letakkan cincin di atas dulang pembakar.
g) Bakar hidangan selama kira-kira tiga puluh minit.

9.Greek Breakfast Ladenia

BAHAN-BAHAN:
- Dua cawan tepung
- Tiga sudu besar minyak zaitun
- Dua sudu teh garam
- Setengah sudu teh yis
- Satu sudu teh gula
- Satu cawan tomato ceri
- Dua sudu teh oregano kering
- Satu cawan hirisan bawang besar
- Satu cawan air suam

ARAHAN:
a) Ambil mangkuk besar.
b) Masukkan gula, yis, dan air suam ke dalam mangkuk.
c) Gaul rata dan ketepikan sehingga buih terbentuk.
d) Masukkan tepung dan garam ke dalam adunan.
e) Uli doh dengan baik dan mula membentuk roti pipih bulat dari adunan doh.
f) Masukkan hirisan bawang besar dan tomato ceri di atas roti dan letakkan doh roti di atas dulang pembakar.
g) Bakar hidangan selama kira-kira tiga puluh minit.

10. Puding Nasi Sarapan Greek (Rizogalo)

BAHAN-BAHAN:
- Dua cawan susu penuh
- Dua cawan air
- Empat sudu besar tepung jagung
- Empat sudu besar gula putih
- Setengah cawan nasi
- Satu perempat sudu teh serbuk kayu manis

ARAHAN:
a) Ambil periuk besar.
b) Masukkan air dan susu keseluruhan.
c) Biarkan cecair mendidih selama lima minit.
d) Masukkan beras dan gula ke dalam adunan susu.
e) Masak semua bahan dengan baik selama tiga puluh minit atau sehingga ia mula menjadi pekat.
f) Masukkan serbuk kayu manis di atas.
g) Hidangan sedia untuk dihidangkan.

11. Muffin Telur Sarapan Greek

BAHAN-BAHAN:
- Setengah cawan tomato kering matahari
- Sepuluh biji telur
- Suku cawan buah zaitun
- Satu cawan keju hancur
- Seperempat cawan krim

ARAHAN:
a) Ambil mangkuk besar.
b) Masukkan semua bahan ke dalam mangkuk.
c) Campurkan semuanya dengan baik.
d) Tuang adunan telur ke dalam dulang muffin yang telah digris.
e) Bakar muffin selama dua puluh hingga tiga puluh minit.
f) Hidangkan muffin.
g) Hidangan sedia untuk dihidangkan.

12. Kuali Telur Sarapan Greek dengan Sayuran dan Feta

BAHAN-BAHAN:
- Dua sudu besar minyak zaitun
- Dua telur besar
- Satu tomato ceri masak
- Dua cawan bayi bayam cincang
- Satu cawan bawang cincang
- Satu cawan lada benggala
- Suku cawan keju feta hancur
- Sedikit garam
- Secubit lada hitam

ARAHAN:
a) Ambil kuali besar.
b) Masukkan minyak zaitun ke dalam kuali.
c) Masukkan bawang besar dan garam ke dalam kuali.
d) Masak bawang dengan baik, dan kemudian masukkan lada hitam ke dalam kuali.
e) Masukkan bayam bayi dan lada benggala ke dalam adunan.
f) Masak bahan-bahan dengan baik selama kira-kira lima minit.
g) Pecahkan telur ke dalam kuali.
h) Masak bahan-bahan dengan baik.
i) Hidangkan apabila telur habis.
j) Hiaskan hidangan dengan keju feta yang hancur.

13. Greek Breakfast Pitas

BAHAN-BAHAN:
- Dua sudu besar minyak zaitun
- Dua keping roti pita
- Dua telur besar
- Satu tomato ceri masak
- Dua cawan bayi bayam cincang
- Satu cawan bawang cincang
- Setengah cawan basil cincang
- Satu cawan lada benggala
- Suku cawan keju feta hancur
- Sedikit garam
- Secubit lada hitam
- Sekumpulan ketumbar cincang

ARAHAN:
a) Ambil kuali besar.
b) Masukkan minyak zaitun ke dalam kuali.
c) Masukkan bawang besar dan garam ke dalam kuali.
d) Masak bawang dengan baik, dan kemudian masukkan lada hitam ke dalam kuali.
e) Masukkan bayam bayi dan lada benggala ke dalam adunan.
f) Masak bahan-bahan dengan baik selama kira-kira lima minit.
g) Pecahkan telur ke dalam kuali.
h) Masak bahan-bahan dengan baik.
i) Hidangkan apabila telur habis.
j) Biarkan telur sejuk, dan kemudian masukkan keju feta yang hancur
k) ke dalamnya.
l) Gaul sebati.
m) Panaskan roti pita.
n) Potong satu lubang pada roti dan masukkan adunan yang telah dimasak ke dalamnya.
o) Hiaskan roti dengan ketumbar cincang.

14. Yogurt Parfait Yunani

BAHAN-BAHAN:
- 1 cawan yogurt Yunani
- ½ cawan beri segar (cth, beri biru, strawberi)
- 2 sudu besar madu
- 2 sudu besar kacang cincang (cth, badam atau walnut)
- ¼ cawan granola

ARAHAN:
a) Dalam gelas atau mangkuk, lapiskan yogurt Yunani, beri segar dan madu.
b) Taburkan dengan kacang cincang dan granola.
c) Nikmati parfait yogurt Greek yang lazat!

15. Telur dadar Mediterranean

BAHAN-BAHAN:
- 2 biji telur besar
- ¼ cawan tomato potong dadu
- ¼ cawan lada benggala dipotong dadu
- ¼ cawan bawang merah potong dadu
- 2 sudu besar keju feta
- 1 sudu besar minyak zaitun
- Herba segar (cth, pasli atau oregano)
- Garam dan lada sulah secukup rasa

ARAHAN:
a) Panaskan minyak zaitun dalam kuali dengan api sederhana.
b) Tumis sayur yang dipotong dadu hingga empuk.
c) Pukul telur dalam mangkuk dan tuangkan ke dalam kuali.
d) Masak sehingga telur ditetapkan, kemudian taburkan dengan keju feta, herba, garam, dan lada sulah.
e) Lipat telur dadar separuh dan hidangkan panas.

16. Bungkus Sarapan Bayam dan Feta

BAHAN-BAHAN:
- 2 biji telur besar
- 1 cawan daun bayam segar
- 2 sudu besar keju feta hancur
- 1 tortilla gandum
- 1 sudu besar minyak zaitun
- Garam dan lada sulah secukup rasa

ARAHAN:
a) Panaskan minyak zaitun dalam kuali dengan api sederhana.
b) Masukkan daun bayam segar dan masak sehingga layu.
c) Dalam mangkuk, pukul telur dan kacau dalam kuali dengan bayam.
d) Taburkan keju feta ke atas telur dan masak sehingga ia sedikit cair.
e) Letakkan campuran telur dan bayam dalam tortilla gandum, gulungkannya, dan sediakan sebagai pembalut.

KUDAPAN YUNANI

17. Greek Tzatziki Dip

BAHAN-BAHAN:
- Satu setengah cawan yogurt Yunani
- Satu sudu dill segar yang dicincang
- Timun separuh cincang
- Dua sudu besar minyak zaitun
- Setengah sudu teh garam
- Dua sudu teh bawang putih cincang
- Satu sudu cuka putih

ARAHAN:
a) Ambil mangkuk besar.
b) Masukkan semua bahan kering ke dalam mangkuk.
c) Gaul rata dan sejukkan selama sepuluh minit.
d) Masukkan bahan basah ke dalam mangkuk.
e) Gaul sebati.

18. Keju Goreng Yunani

BAHAN-BAHAN:
- Satu paun keju keras
- Minyak sayuran
- Satu cawan tepung serba guna

ARAHAN:
a) Potong keju menjadi kepingan.
b) Celupkan dalam tepung serba guna.
c) Ambil kuali besar.
d) Masukkan minyak ke dalam kuali dan panaskan dengan baik.
e) Masukkan hirisan keju dan goreng hingga kekuningan.

19.Kentang goreng Yunani

BAHAN-BAHAN:
- Satu paun kentang russet
- Minyak sayuran
- Satu cawan tepung serba guna
- Satu cawan keju feta hancur
- Satu cawan salsa

ARAHAN:
a) Potong kentang menjadi batang.
b) Celupkan dalam tepung serba guna.
c) Ambil kuali besar.
d) Masukkan minyak ke dalam kuali dan panaskan dengan baik.
e) Masukkan batang kentang dan goreng hingga kekuningan.
f) Hidangkan kentang goreng dan tambah salsa dan keju feta di atasnya.

20.Greek Feta Dip

BAHAN-BAHAN:
- Satu setengah cawan yogurt Yunani
- Satu sudu dill segar yang dicincang
- Keju feta separuh cincang
- Dua sudu besar minyak zaitun
- Setengah sudu teh garam
- Dua sudu teh bawang putih cincang
- Satu sudu cuka putih

ARAHAN:
a) Ambil mangkuk besar.
b) Masukkan semua bahan kering ke dalam mangkuk.
c) Gaul rata dan sejukkan selama sepuluh minit.
d) Masukkan bahan basah ke dalam mangkuk.
e) Gaul sebati.

21. Salad Buah Mediterranean

BAHAN-BAHAN:
- 2 cawan tembikai, dipotong dadu
- 2 cawan timun, dipotong dadu
- 1 cawan keju feta, hancur
- ¼ cawan daun pudina segar atau selasih, dicincang
- 1 sudu besar minyak zaitun extra-virgin
- 1 sudu besar cuka balsamic
- Garam dan lada sulah secukup rasa

ARAHAN:

a) Dalam mangkuk besar, satukan tembikai, timun dan keju feta.

b) Dalam mangkuk kecil, pukul bersama minyak zaitun dan cuka balsamic.

c) Tuangkan dressing ke atas salad dan gaul perlahan-lahan untuk sebati.

d) Taburkan dengan daun pudina cincang atau selasih.

e) Perasakan dengan garam dan lada sulah secukup rasa.

f) Sejukkan dalam peti ais selama 30 minit sebelum dihidangkan.

22.Cumi dengan rosemary dan minyak cili

BAHAN-BAHAN:
- Minyak zaitun extra virgin
- 1 tandan rosemary segar
- 2 biji cili merah, buang biji dan cincang halus krim tunggal 150ml
- 3 biji kuning telur
- 2 Sudu besar keju Parmesan parut
- 2 Sudu besar tepung biasa
- Garam dan lada hitam tanah segar
- 1 ulas bawang putih, kupas dan hancurkan
- 1 sudu teh oregano kering
- Minyak sayuran untuk menggoreng
- 6 Sotong, bersihkan dan potong cincin
- garam

ARAHAN:

a) Untuk membuat sos, panaskan minyak zaitun dalam periuk kecil dan kacau dalam rosemary dan cili. Keluarkan daripada persamaan.

b) Dalam mangkuk adunan yang besar, pukul bersama krim, kuning telur, keju parmesan, tepung, bawang putih dan oregano. Kisar sehingga adunan sebati. Perasakan dengan lada hitam, baru dikisar.

c) Panaskan minyak hingga 200°C untuk menggoreng, atau sehingga kiub roti menjadi perang dalam 30 saat.

d) Celupkan cincin sotong, satu persatu, ke dalam adunan dan masukkan dengan teliti ke dalam minyak. Masak sehingga perang keemasan, kira-kira 2-3 minit.

e) Toskan di atas kertas dapur dan hidangkan segera dengan dressing dituangkan di atasnya. Jika perlu, perasakan dengan garam.

23. Celup Terung Yunani

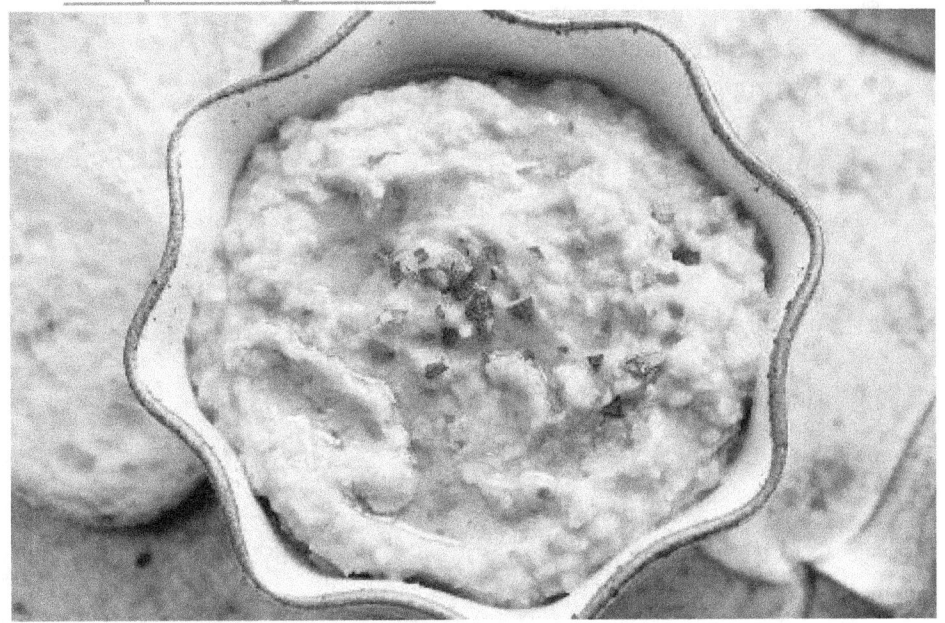

BAHAN-BAHAN:
- Satu setengah cawan yogurt Yunani
- Satu sudu dill segar yang dicincang
- Terung panggang separuh cincang
- Dua sudu besar minyak zaitun
- Setengah sudu teh garam
- Dua sudu teh bawang putih cincang

ARAHAN:
a) Ambil mangkuk besar.
b) Masukkan semua bahan dan gaul rata.
c) Hiaskan hidangan dengan dill segar.

24. Gulung Bunga Greek Spanakopita

BAHAN-BAHAN:
- Satu pek pembungkus spring roll
- Minyak sayuran
- **UNTUK PENGISIAN:**
- Satu cawan keju feta
- Empat biji telur
- Setengah sudu teh buah pala yang baru diparut
- Sedikit garam
- Satu sudu besar minyak zaitun
- Seperempat cawan bawang cincang
- Satu sudu teh bawang putih cincang
- Satu sudu besar susu
- Setengah cawan bayam cincang
- Secubit lada hitam ditumbuk

ARAHAN:
a) Ambil kuali besar.
b) Masukkan minyak zaitun ke dalam kuali.
c) Masukkan bawang besar dan bawang putih apabila minyak panas.
d) Masak bawang hingga lembut.
e) Campurkan telur dan masukkan bayam cincang ke dalam kuali.
f) Masak bahan sehingga bayam layu.
g) Masukkan keju feta, susu, lada hitam, garam, dan buah pala yang baru diparut ke dalam kuali.
h) Masak bahan selama kira-kira lima minit.
i) Matikan dapur dan biarkan adunan sejuk.
j) Masukkan adunan pada pembungkus spring roll dan canai.
k) Goreng lumpia sehingga menjadi perang keemasan.
l) Hidangkan spanakopita apabila sudah siap.

25. Kincir Tortilla Yunani

BAHAN-BAHAN:
- Satu pek tortilla
- Minyak sayuran

UNTUK PENGISIAN:
- Satu cawan keju feta
- Satu paun daging cincang
- Setengah sudu teh buah pala yang baru diparut
- Sedikit garam
- Satu sudu besar minyak zaitun
- Seperempat cawan bawang cincang
- Satu sudu teh bawang putih cincang
- Satu sudu besar susu
- Setengah cawan bayam cincang
- Secubit lada hitam ditumbuk

ARAHAN:
a) Ambil kuali besar.
b) Masukkan minyak zaitun ke dalam kuali.
c) Masukkan bawang besar dan bawang putih apabila minyak panas.
d) Masak bawang hingga lembut.
e) Gaulkan daging lembu dan masukkan bayam cincang ke dalam kuali.
f) Masak bahan sehingga bayam layu.
g) Masukkan keju feta, susu, lada hitam, garam, dan buah pala yang baru diparut ke dalam kuali.
h) Masak bahan selama kira-kira lima minit.
i) Matikan dapur dan biarkan adunan sejuk.
j) Masukkan adunan pada tortilla dan canai.
k) Bakar pinwheels sehingga menjadi perang keemasan.
l) Hidangkan kincir apabila ia selesai.

26. Gigitan Timun Sumbat Yunani

BAHAN-BAHAN:
- Satu paun timun

UNTUK PENGISIAN:
- Satu cawan keju feta
- Kisar ayam satu paun
- Setengah sudu teh buah pala yang baru diparut
- Sedikit garam
- Satu sudu besar minyak zaitun
- Seperempat cawan bawang cincang
- Satu sudu teh bawang putih cincang
- Secubit lada hitam ditumbuk
- pudina segar

ARAHAN:
a) Ambil kuali besar.
b) Masukkan minyak zaitun ke dalam kuali.
c) Masukkan bawang besar dan bawang putih apabila minyak panas.
d) Masak bawang hingga lembut.
e) Gaulkan ayam ke dalam kuali.
f) Masukkan keju feta, lada hitam, garam, dan buah pala yang baru diparut ke dalam kuali.
g) Masak bahan selama kira-kira lima minit.
h) Matikan dapur dan biarkan adunan sejuk.
i) Masukkan adunan pada kepingan timun.
j) Hiaskan hidangan dengan daun pudina yang dicincang.

27. Cubi kentang berempah

BAHAN-BAHAN:
- 3 sudu besar minyak zaitun
- 4 Kentang Russet, dikupas, dan katil kiub
- 2 sudu besar bawang besar kisar
- 2 ulas bawang putih, dikisar
- Garam dan lada hitam yang baru dikisar
- 1 1/2 sudu besar paprika Sepanyol
- 1/4 sudu teh Sos Tabasco
- 1/4 sudu teh thyme yang dikisar
- 1/2 cawan Sos tomato
- 1/2 cawan mayonis
- Pasli cincang, untuk hiasan
- 1 cawan minyak zaitun, untuk menggoreng

ARAHAN:
SOS BRAVA:
a) Panaskan 3 sudu besar minyak zaitun dalam periuk dengan api sederhana. Tumis bawang besar dan bawang putih hingga bawang layu.
b) Keluarkan kuali dari api dan pukul dalam paprika, sos Tabasco, dan thyme.
c) Dalam mangkuk adunan, satukan sos tomato dan mayonis.
d) Secukup rasa, perasakan dengan garam dan lada sulah. Keluarkan daripada persamaan.

KENTANG:
e) Perasakan kentang dengan sedikit garam dan lada hitam.
f) Goreng kentang dalam 1 cawan (8 fl. oz.) minyak zaitun dalam kuali besar sehingga perang keemasan dan masak, tos sekali-sekala.
g) Toskan kentang di atas tuala kertas, rasakannya, dan perasakan dengan garam tambahan jika perlu.
h) Untuk memastikan kentang segar, gabungkan dengan sos sebelum dihidangkan.
i) Hidangkan hangat, dihiasi dengan pasli cincang.

28. Greek Salad Cracker

BAHAN-BAHAN:
UNTUK BERPAKAIAN:
- Setengah sudu teh garam halal
- Dua sudu teh lada hitam yang baru dikisar
- Suku cawan cuka wain merah
- Setengah cawan minyak zaitun
- Dua sudu besar bawang putih kisar
- Dua sudu teh oregano segar
- Setengah sudu teh oregano kering

UNTUK SALAD:
- Satu cawan keju feta
- Setengah paun hirisan roti rangup
- Setengah sudu teh bawang putih cincang
- Dua sudu besar minyak zaitun
- Setengah cawan buah zaitun Kalamata
- Satu cawan lada benggala merah-oren
- Satu cawan timun Inggeris
- Satu cawan tomato ceri

ARAHAN:
a) Ambil mangkuk kecil. Masukkan minyak zaitun dan bawang putih kisar ke dalamnya.
b) Campurkan hirisan roti.
c) Bakar kepingan selama sepuluh minit.
d) Hidangkan hirisan roti apabila sudah siap.
e) Ambil mangkuk besar. Masukkan timun Inggeris, buah zaitun Kalamata, lada benggala merah-oren, tomato ceri dan keju feta ke dalam mangkuk.
f) Campurkan semuanya dengan baik dan ketepikan.
g) Ambil mangkuk kecil.
h) Masukkan minyak zaitun, cuka wain merah, garam halal, bawang putih cincang, lada hitam yang baru dihancurkan, oregano segar, dan oregano kering.
i) Campurkan semuanya dengan baik.
j) Tuangkan dressing ini pada salad yang disediakan.
k) Gaul sebati semuanya dan masukkan ke atas hirisan roti bakar.

29.Gigitan Roti Pita Greek

BAHAN-BAHAN:
- Satu paun gigitan roti pita
- Minyak sayuran
- Satu cawan tepung serba guna
- Satu cawan keju feta hancur
- Satu cawan salsa

ARAHAN:
a) Potong roti pita kepada kepingan saiz gigitan.
b) Celupkan dalam tepung serba guna.
c) Ambil kuali besar.
d) Masukkan minyak ke dalam kuali dan panaskan dengan baik.
e) Masukkan roti pita dan goreng hingga kekuningan.
f) Hidangkan roti dan tambah salsa dan keju feta di atas.

30. Bebola Zucchini Yunani (Kolokithokeftedes)

BAHAN-BAHAN:
- Sebiji bawang merah dihiris
- Dua ulas bawang putih yang dikisar
- Sedikit garam
- Secubit lada hitam
- Setengah cawan daun pudina
- Dua cawan zucchini parut
- Setengah sudu teh oregano
- Satu telur
- Dua sudu besar minyak zaitun
- Satu cawan yogurt Yunani

ARAHAN:

a) Ambil mangkuk besar.

b) Masukkan zucchini parut, rempah, pudina, bawang merah, bawang putih, dan telur ke dalam mangkuk.

c) Campurkan semua bahan dengan baik dan bentuk struktur bola bulat.

d) Goreng bebola zucchini dalam minyak zaitun sehingga berwarna perang keemasan.

e) Hidangkan bebola.

f) Hidangkan bebola zucchini dengan yogurt Greek di sebelah.

31. Baklava Energy Bites

BAHAN-BAHAN:
- 1 cawan kacang cincang (cth, walnut, badam)
- ¼ cawan oat gulung
- 2 sudu besar madu
- ½ sudu teh kayu manis tanah
- ¼ sudu teh bunga cengkih kisar
- ¼ sudu teh ekstrak vanila
- 1 sudu besar aprikot kering yang dicincang halus (pilihan)

ARAHAN:
a) Dalam pemproses makanan, gabungkan kacang cincang dan oat gulung. Nadi hingga dikisar halus.
b) Masukkan madu, kayu manis, cengkih, dan ekstrak vanila. Kisar sehingga adunan melekat bersama.
c) Jika mahu, campurkan aprikot kering yang dicincang.
d) Canai adunan menjadi bebola bersaiz gigitan.
e) Sejukkan di dalam peti sejuk selama kira-kira 30 minit sebelum dihidangkan.

32. Sudang galah gambas

BAHAN-BAHAN:
- 1/2 cawan minyak zaitun
- Jus 1 lemon
- 2 sudu teh garam laut
- 24 ekor udang sederhana besar, dalam kulit dengan kepala utuh

ARAHAN:

a) Dalam mangkuk adunan, satukan minyak zaitun, jus lemon, dan garam dan pukul sehingga sebati. Untuk menyalut udang dengan ringan, celupkannya ke dalam adunan selama beberapa saat.

b) Dalam kuali kering, panaskan minyak dengan api yang tinggi. Bekerja secara berkelompok, masukkan udang dalam satu lapisan tanpa menyesakkan kuali apabila ia sangat panas. 1 minit membakar

c) Kecilkan api kepada sederhana dan masak selama satu minit tambahan. Besarkan api dan goreng udang selama 2 minit lagi, atau sehingga kekuningan.

d) Pastikan udang hangat dalam ketuhar yang rendah di atas pinggan kalis ketuhar.

e) Masak udang yang tinggal dengan cara yang sama.

33. Campuran Jejak Berinspirasikan Mediterranean

BAHAN-BAHAN:
- 1 cawan badam mentah
- 1 cawan gajus mentah
- 1 cawan pistachio tanpa garam
- ½ cawan aprikot kering, dicincang
- ½ cawan buah ara kering, dicincang
- ¼ cawan kismis emas
- ¼ cawan tomato kering matahari, dicincang
- 1 sudu besar minyak zaitun
- ½ sudu teh jintan halus
- ½ sudu teh paprika
- ¼ sudu teh garam laut
- ¼ sudu teh lada hitam

ARAHAN:
a) Panaskan ketuhar anda kepada 325°F (163°C).
b) Dalam mangkuk besar, satukan badam, gajus dan pistachio.
c) Dalam mangkuk kecil, pukul bersama minyak zaitun, jintan halus, paprika, garam laut dan lada hitam.
d) Lumurkan adunan rempah ratus ke atas kacang dan gaul hingga rata.
e) Sapukan kacang berperisa pada lembaran pembakar dalam satu lapisan.
f) Panggang kacang dalam ketuhar yang telah dipanaskan selama 10-15 minit, atau sehingga ia dibakar ringan. Pastikan anda mengacaunya sekali-sekala untuk memastikan pemanggangan sekata.
g) Setelah kacang dibakar, keluarkannya dari ketuhar dan biarkan ia sejuk sepenuhnya.
h) Dalam mangkuk adunan yang besar, gabungkan kacang panggang dengan aprikot kering yang dicincang, buah tin, kismis emas dan tomato kering.
i) Gaulkan semuanya untuk mencipta campuran jejak Mediterranean anda.
j) Simpan campuran jejak dalam bekas kedap udara untuk snek semasa dalam perjalanan.

34. Gigitan Kurma & Pistachio

BAHAN-BAHAN:
- 12 kurma Medjool, diadu
- ½ cawan pistachio bercengkerang
- 2 sudu besar keju krim atau keju kambing
- 1 sudu teh madu
- ½ sudu teh jintan halus
- ¼ sudu teh paprika kisar
- Garam dan lada hitam secukup rasa
- Daun pasli segar untuk hiasan (pilihan)

ARAHAN:

a) Dalam pemproses makanan, pukul pistachio yang dicengkerang sehingga dicincang halus. Pindahkan mereka ke dalam mangkuk cetek dan ketepikan.

b) Dalam pemproses makanan yang sama, gabungkan keju krim (atau keju kambing), madu, jintan kisar, paprika kisar, garam dan lada hitam. Kisar sehingga adunan sebati dan sebati.

c) Berhati-hati membuka setiap tarikh yang diadu untuk mencipta poket kecil.

d) Ambil kira-kira 1 sudu teh campuran keju dan masukkan ke dalam setiap tarikh, penuhkan poket.

e) Selepas memasukkan kurma, gulungkannya ke dalam pistachio cincang, pastikan pistachio mematuhi campuran keju.

f) Letakkan kurma yang disumbat dan bersalut di atas pinggan hidangan.

g) Jika mahu, hiaskan dengan daun pasli segar untuk sentuhan hijau.

h) Hidangkan kurma manis dan gigitan pistachio anda dengan segera, atau simpan di dalam peti sejuk sehingga anda bersedia untuk menikmatinya.

35.Terung dengan madu

BAHAN-BAHAN:
- 3 Sudu Besar Madu
- 3 biji terung
- 2 cawan Susu
- 1 sudu besar garam
- 1 Sudu besar lada
- 100g Tepung
- 4 Sudu Besar Minyak Zaitun

ARAHAN:

a) Hiris nipis terung.

b) Dalam hidangan adunan, satukan terung. Tuangkan susu secukupnya ke dalam besen untuk menutupi terung sepenuhnya. Perasakan dengan secubit garam.

c) Biarkan selama sekurang-kurangnya satu jam untuk berendam.

d) Keluarkan terung daripada susu dan ketepikan. Menggunakan tepung, salutkan setiap kepingan. Sapukan dalam campuran garam dan lada.

e) Dalam kuali, panaskan minyak zaitun. Goreng hirisan terung pada suhu 180 darjah C.

f) Letakkan terung goreng di atas tuala kertas untuk menyerap lebihan minyak.

g) Siramkan terung dengan madu.

h) Hidang.

MAKAN TENGAHARI YUNANI

36.Kentang Lemon Klasik Yunani

BAHAN-BAHAN:
- Satu cawan bawang
- Satu cawan sup sayur-sayuran
- Setengah sudu teh paprika salai
- Dua sudu besar mustard Dijon
- Dua sudu teh gula putih
- Dua sudu besar minyak zaitun
- Dua cawan pes tomato
- Satu sudu besar rosemary kering
- Sedikit garam
- Secubit lada hitam
- Satu sudu teh thyme kering
- Satu paun kuntum bunga kobis
- Dua sudu besar bawang putih kisar
- Setengah cawan wain putih kering
- Setengah cawan jus lemon
- Setengah cawan ketumbar

ARAHAN:
a) Ambil kuali besar.
b) Masukkan minyak zaitun dan hirisan bawang ke dalamnya.
c) Tumiskan hirisan bawang besar kemudian hidang.
d) Masukkan bawang putih, kepingan kentang, jus lemon, dan rempah ke dalam kuali.
e) Masak kepingan kentang dalam rempah selama lima hingga sepuluh minit.
f) Masukkan bahan-bahan lain ke dalam adunan.
g) Masak adunan sehingga ia mula mendidih.
h) Kecilkan api dan tutup kuali dengan tudung.
i) Selepas sepuluh minit, keluarkan tudung.
j) Periksa kentang sebelum dihidangkan.
k) Hancurkan hirisan bawang yang telah dimasak di atasnya sebelum dihidangkan.

37. Salad Greek

BAHAN-BAHAN:
UNTUK BERPAKAIAN:
- Setengah sudu teh garam halal
- Dua sudu teh lada hitam yang baru dikisar
- Suku cawan cuka wain merah
- Setengah cawan minyak zaitun
- Dua sudu besar bawang putih kisar
- Dua sudu teh oregano segar
- Setengah sudu teh oregano kering

UNTUK SALAD:
- Satu cawan keju feta
- Setengah cawan keju parmesan
- Setengah paun hirisan roti
- Setengah sudu teh bawang putih cincang
- Dua sudu besar minyak zaitun
- Setengah cawan buah zaitun Kalamata
- Satu cawan lada benggala merah-oren
- Satu cawan timun Inggeris
- Satu cawan tomato ceri

ARAHAN:

a) Ambil mangkuk kecil.
b) Masukkan minyak zaitun dan bawang putih kisar ke dalamnya.
c) Gaul rata dan sapukan pada kepingan roti.
d) Masukkan keju parmesan di atas kepingan.
e) Bakar kepingan selama sepuluh minit.
f) Hidangkan hirisan roti apabila sudah siap.
g) Ambil mangkuk besar.
h) Masukkan timun Inggeris, buah zaitun Kalamata, lada benggala merah-oren, tomato ceri dan keju feta ke dalam mangkuk.
i) Campurkan semuanya dengan baik dan ketepikan.
j) Ambil mangkuk kecil.
k) Masukkan minyak zaitun, cuka wain merah, garam halal, bawang putih cincang, lada hitam yang baru dihancurkan, oregano segar, dan oregano kering.
l) Campurkan semuanya dengan baik.
m) Tuangkan dressing ini pada salad yang disediakan.
n) Campurkan semuanya dengan baik dan masukkan hirisan roti bakar ke tepi.

38. Gyros Ayam Yunani

BAHAN-BAHAN:
- Empat roti rata
- Setengah cawan sup sayur-sayuran
- Satu perempat cawan jus lemon
- Satu cawan sos tzatziki
- Setengah cawan hirisan bawang merah
- Setengah cawan hirisan tomato
- Setengah cawan selada romaine
- Satu sudu besar bawang putih kisar
- Satu cawan pes tomato
- Dua sudu besar minyak zaitun
- Satu sudu besar serbuk bawang putih
- Satu sudu thyme kering
- Setengah sudu teh kayu manis tanah
- Dua sudu besar serbuk cili
- Satu perempat sudu teh buah pala segar
- Secubit garam laut
- Dua cawan kepingan ayam

ARAHAN:
a) Ambil kuali besar.
b) Masukkan minyak zaitun dan bawang putih ke dalam kuali.
c) Masukkan oregano, pes tomato, paprika salai, buah pala, serbuk cili, thyme, dan garam.
d) Masukkan sup sayur, jus lemon, dan kepingan ayam ke dalam kuali.
e) Masak bahan-bahan dengan baik selama kira-kira lima belas minit.
f) Bakar roti rata selama kira-kira dua hingga tiga minit.
g) Potong roti rata di antara untuk membentuk struktur kantung.
h) Masukkan adunan yang telah dimasak ke dalam roti rata dan lapik dengan sos tzatziki, salad romaine, hirisan tomato dan bawang merah.

39. Bebola Daging Yunani

BAHAN-BAHAN:
- Sebiji bawang merah dihiris
- Dua ulas bawang putih kisar
- Sedikit garam
- Secubit lada hitam
- Setengah cawan daun pudina
- Dua cawan daging cincang
- Setengah sudu teh oregano
- Satu telur
- Dua sudu besar minyak zaitun
- Satu cawan yogurt Yunani

ARAHAN:
a) Ambil mangkuk besar.
b) Masukkan daging kisar, rempah, pudina, bawang merah, bawang putih, dan telur ke dalam mangkuk.
c) Campurkan semua bahan dengan baik dan bentuk struktur bola bulat.
d) Goreng bebola daging dalam minyak zaitun sehingga menjadi perang keemasan.
e) Hidangkan bebola daging.
f) Hidangkan bebola daging dengan yogurt Greek di sebelah.

40.Greek Stuffed Peppers

BAHAN-BAHAN:
- Setengah cawan nasi masak
- Satu cawan pes tomato
- Dua sudu besar mentega tanpa garam
- Tiga sudu besar gula pasir
- Setengah cawan lobak merah cincang
- Satu sudu teh halia cincang
- Dua cawan keju campuran
- Pasli segar yang dicincang
- Dua sudu besar minyak zaitun
- Satu paun lada benggala hijau
- Dua cawan tomato
- Sedikit garam
- Secubit lada hitam
- Dua cawan kentang cincang
- Satu cawan bawang merah yang dihiris
- Satu sudu besar bawang putih kisar
- Setengah cawan zucchini cincang

ARAHAN:
a) Ambil kuali besar.
b) Masukkan mentega dan bawang cincang ke dalam kuali.
c) Masak bawang hingga lembut.
d) Masukkan bawang putih dan halia serta zucchini cincang, kentang cincang, tomato, pes tomato, dan lobak merah cincang.
e) Masak sayur-sayuran dengan baik selama kira-kira sepuluh minit.
f) Masukkan gula pasir, nasi masak, garam dan lada sulah.
g) Campurkan semuanya dengan baik dan hidang.
h) Bersihkan lada benggala dari dalam dan masukkan adunan yang telah dimasak ke dalamnya.
i) Masukkan keju campuran di atas dan letakkan lada benggala di atas dulang pembakar yang telah digris.
j) Bakar lada benggala sehingga keju bertukar menjadi perang keemasan.
k) Hiaskan lada benggala dengan daun pasli yang baru dicincang.

41. Sup Kacang Yunani

BAHAN-BAHAN:
- Setengah cawan thyme segar yang dicincang
- Setengah cawan oregano segar yang dicincang
- Setengah cawan daun kucai segar yang dicincang
- Satu sudu teh serbuk rempah campuran
- Setengah sudu teh paprika salai
- Satu daun bay
- Sedikit garam
- Secubit lada hitam
- Dua sudu besar minyak zaitun
- Satu paun kacang
- Setengah sudu besar bawang putih cincang
- Dua cawan tomato cincang
- Satu cawan bawang cincang
- Satu cawan pasli cincang
- Satu cawan stok sayur
- Satu cawan air

ARAHAN:
a) Ambil kuali besar.
b) Masukkan bawang cincang dan minyak zaitun ke dalamnya.
c) Campurkan bahan-bahan dengan baik.
d) Masukkan bawang putih yang dicincang ke dalam kuali.
e) Masukkan tomato, oregano, daun bay, garam, lada hitam, thyme, paprika salai, campurkan serbuk rempah, dan daun kucai ke dalam kuali.
f) Masak bahan-bahan dengan baik.
g) Masukkan kacang ke dalam adunan.
h) Masukkan stok sayur dan air ke dalam kuali.
i) Campurkan sup dengan baik.
j) Letakkan penutup di atas kuali.
k) Masak sup selama sepuluh hingga lima belas minit.
l) Hidangkan sup apabila kacang siap.
m) Hiaskan hidangan dengan pasli cincang di atas.

42. Kacang Hijau Panggang Greek

BAHAN-BAHAN:
- Sedikit garam
- Secubit lada hitam
- Empat cawan kacang hijau dipotong dadu
- Satu cawan bawang cincang
- Setengah sudu besar bawang putih cincang,
- Tiga sudu besar minyak zaitun
- Dua sudu besar gula pasir
- Dua sudu besar pasli cincang
- Satu sudu besar paprika salai
- Dua sudu besar oregano segar
- Dua sudu besar thyme segar
- Setengah cawan stok sayuran
- Satu cawan tomato cincang

ARAHAN:
a) Ambil kuali besar.
b) Masukkan bawang cincang dan minyak zaitun ke dalamnya.
c) Campurkan bahan-bahan dengan baik.
d) Masukkan bawang putih cincang ke dalam kuali.
e) Masukkan tomato, oregano, garam, lada hitam, gula pasir, thyme, dan paprika salai ke dalam kuali.
f) Masak bahan-bahan dengan baik.
g) Masukkan kacang hijau yang dipotong dadu ke dalam adunan.
h) Masukkan stok sayur ke dalam kuali.
i) Campurkan bahan-bahan dengan baik.
j) Letakkan penutup di atas kuali.
k) Masak kacang hijau selama sepuluh hingga lima belas minit.
l) Hidangkan makanan apabila kacang hijau siap.
m) Hiaskan hidangan dengan pasli cincang di atas.

43. Sup Lentil Yunani

BAHAN-BAHAN:
- Sedikit garam
- Secubit lada hitam
- Dua sudu besar minyak zaitun
- Satu paun lentil campur
- Setengah sudu besar bawang putih cincang
- Dua cawan tomato cincang
- Setengah cawan thyme segar yang dicincang
- Setengah cawan oregano segar yang dicincang
- Setengah cawan daun kucai segar yang dicincang
- Satu sudu teh serbuk rempah campuran
- Setengah sudu teh paprika salai
- Satu daun bay
- Satu cawan bawang cincang
- Satu cawan pasli cincang
- Satu cawan stok sayur
- Satu cawan air

ARAHAN:
a) Ambil kuali besar.
b) Masukkan bawang cincang dan minyak zaitun ke dalamnya.
c) Campurkan bahan-bahan dengan baik.
d) Masukkan bawang putih yang dicincang ke dalam kuali.
e) Masukkan tomato, oregano, daun bay, garam, lada hitam, thyme, paprika salai, campurkan serbuk rempah, dan daun kucai ke dalam kuali.
f) Masak bahan-bahan dengan baik.
g) Masukkan lentil ke dalam adunan.
h) Masukkan stok sayur dan air ke dalam kuali.
i) 9. Gaulkan sup sebati.
j) Letakkan penutup di atas kuali.
k) Masak sup selama sepuluh hingga lima belas minit.
l) Hidangkan sup apabila lentil siap.
m) Hiaskan hidangan dengan pasli cincang di atas.

44.Sup Chickpea Yunani

BAHAN-BAHAN:
- Satu cawan bawang cincang
- Satu cawan pasli cincang
- Satu cawan stok sayur
- Satu cawan air
- Sedikit garam
- Secubit lada hitam
- Dua sudu besar minyak zaitun
- Satu paun kacang ayam
- Setengah sudu besar bawang putih cincang
- Dua cawan tomato cincang
- Setengah cawan thyme segar yang dicincang
- Setengah cawan oregano segar yang dicincang
- Setengah cawan daun kucai segar yang dicincang
- Satu sudu teh serbuk rempah campuran
- Setengah sudu teh paprika salai
- Satu daun bay

ARAHAN:
a) Ambil kuali besar.
b) Masukkan bawang cincang dan minyak zaitun ke dalamnya.
c) Campurkan bahan-bahan dengan baik.
d) Masukkan bawang putih cincang ke dalam kuali.
e) Masukkan tomato, oregano, daun bay, garam, lada hitam, thyme, paprika salai, campurkan serbuk rempah, dan daun kucai ke dalam kuali.
f) Masak bahan-bahan dengan baik.
g) Masukkan kacang ayam ke dalam adunan.
h) Masukkan stok sayur dan air ke dalam kuali.
i) Campurkan sup dengan baik.
j) Letakkan penutup di atas kuali.
k) Masak sup selama sepuluh hingga lima belas minit.
l) Hidangkan sup apabila kacang ayam siap.
m) Hiaskan hidangan dengan pasli cincang di atas.

45. Souvlaki Yunani

BAHAN-BAHAN:
- Setengah sudu besar bawang putih cincang,
- Tiga sudu besar minyak zaitun
- Dua sudu besar gula pasir
- Dua sudu besar pasli cincang
- Satu sudu besar paprika salai
- Dua sudu besar oregano segar
- Dua sudu besar thyme segar
- Setengah cawan daun kucai segar yang dicincang
- Satu sudu teh serbuk rempah campuran
- Setengah sudu teh paprika salai
- Satu paun paha ayam
- Roti pita

ARAHAN:
a) Ambil mangkuk besar.
b) Masukkan semua bahan dalam mangkuk.
c) Gaulkan bahan perapan dengan baik.
d) Panggang kepingan ayam di atas kuali panggang.
e) Hidangkan apabila kepingan ayam berwarna perang keemasan di kedua-dua belah.
f) Hidangkan souvlaki dengan roti pita di sebelah.

46. Lasagna Daging Yunani dan Terung (Moussaka)

BAHAN-BAHAN:
- Satu sudu besar bawang putih kisar
- Dua sudu besar dill cincang segar
- Satu cawan keju feta
- Dua cawan daging cincang
- Sedikit garam
- Secubit lada hitam ditumbuk
- Satu cawan kepingan terung
- Dua sudu besar minyak zaitun
- Tiga cawan bayi bayam
- Dua cawan kentang russet
- Satu cawan bawang cincang
- Dua cawan sos tomato
- Dua cawan sos béchamel

ARAHAN:
a) Ambil mangkuk besar.
b) Masukkan terung, daging cincang, kentang, bayam bayi ke dalam mangkuk.
c) Campurkan minyak zaitun, garam, dan lada hitam yang dihancurkan ke dalam mangkuk.
d) Bakar bahan-bahan dalam ketuhar selama kira-kira dua puluh minit.
e) Ambil kuali besar.
f) Masukkan minyak zaitun dan bawang besar ke dalam kuali.
g) Masak bawang hingga lembut.
h) Masukkan bawang putih kisar ke dalam kuali.
i) Masak bahan-bahan dengan baik.
j) Masukkan keju feta, garam, dan lada hitam ke dalam kuali.
k) Campurkan semua bahan dengan baik dan masukkan dill cincang ke dalam
l) kuali.
m) Masukkan daging lembu dan sayur-sayuran yang dibakar ke dalam kuali dan kemudian gaul
n) semuanya baik.
o) Masukkan sos tomato dan sos béchamel di atas campuran sayuran.
p) Bakar selama sepuluh minit lagi.

47. Salad Chickpea Mediterranean

BAHAN-BAHAN:
- 2 tin (15 auns setiap satu) kacang ayam, toskan dan bilas
- 1 cawan tomato ceri, dibelah dua
- 1 timun, potong dadu
- ½ bawang merah, dicincang halus
- ¼ cawan buah zaitun Kalamata, diadu dan dihiris
- ¼ cawan keju feta, hancur
- 2 sudu besar minyak zaitun extra-virgin
- 2 sudu besar cuka wain merah
- 1 sudu teh oregano kering
- Garam dan lada sulah secukup rasa

ARAHAN:

a) Dalam mangkuk salad yang besar, gabungkan kacang ayam, tomato ceri, timun, bawang merah dan buah zaitun Kalamata.

b) Dalam mangkuk kecil, pukul bersama minyak zaitun, cuka wain merah, oregano kering, garam, dan lada.

c) Tuangkan dressing ke atas salad dan gaulkan hingga sebati.

d) Teratas dengan keju feta hancur.

e) Hidangkan sejuk dan nikmati!

48. Ayam Herba Lemon dengan Quinoa dan Peach

BAHAN-BAHAN:
UNTUK AYAM HERBA LEMON:
- 1 paha ayam kecil (3 oz, tanpa tulang, tanpa kulit)
- ¼ lemon, dijus
- ¼ sudu teh paprika
- Garam dan lada sulah secukup rasa
- Canola atau minyak sayuran untuk memanggang

UNTUK KUINOA DAN SALAD PEACH:
- 1 cawan quinoa masak
- 1 pic besar, dibuang biji dan dicincang
- 2 sudu besar selasih segar, koyak
- 10 bahagian pecan, dicincang
- 1 sudu teh minyak zaitun

ARAHAN:
UNTUK AYAM HERBA LEMON:
a) Dalam mangkuk kecil, gabungkan jus lemon, paprika, garam dan lada untuk menghasilkan perapan.
b) Letakkan paha ayam dalam beg plastik yang boleh ditutup semula atau hidangan cetek, dan tuangkan perapan ke atasnya.
c) Tutup beg atau tutup pinggan, dan perap ayam di dalam peti sejuk selama sekurang-kurangnya 30 minit, atau lebih lama untuk lebih rasa.
d) Panaskan panggangan atau kuali pemanggang di atas api yang sederhana tinggi, dan sapunya dengan kanola atau minyak sayuran.
e) Bakar paha ayam selama kira-kira 6-7 minit setiap sisi, atau sehingga ia masak dan mempunyai kesan gril.
f) Keluarkan ayam dari panggangan dan biarkan ia berehat beberapa minit sebelum dihiris.

UNTUK SALAD KUINOA DAN PEACH:
g) Dalam mangkuk yang berasingan, gabungkan quinoa yang telah dimasak, pic cincang, selasih segar yang koyak dan bahagian pecan yang dicincang.
h) Tuangkan 1 sudu teh minyak zaitun ke atas salad dan kacau perlahan-lahan hingga sebati.
i) Perasakan dengan garam dan lada sulah secukup rasa.
j) Hidangkan ayam panggang herba lemon bersama quinoa dan salad pic.

49. Bungkus Salad Yunani

BAHAN-BAHAN:
- 2 tortilla gandum
- ¼ cawan salad romaine atau sayur-sayuran campuran
- 1 cawan timun potong dadu
- 1 cawan tomato potong dadu
- ½ cawan bawang merah potong dadu
- ¼ cawan keju feta hancur
- ¼ cawan buah zaitun Kalamata, diadu dan dihiris
- 2 sudu besar minyak zaitun extra-virgin
- 2 sudu besar cuka wain merah
- 1 sudu teh oregano kering
- Garam dan lada sulah secukup rasa

ARAHAN:

a) Dalam mangkuk, satukan timun, tomato, bawang merah, keju feta dan buah zaitun Kalamata.

b) Dalam mangkuk kecil, pukul bersama minyak zaitun, cuka wain merah, oregano kering, garam, dan lada.

c) Tuangkan dressing ke atas salad dan gaulkan hingga sebati.

d) Panaskan tortilla gandum dalam kuali atau ketuhar gelombang mikro.

e) Lapiskan salad anda di atas tortilla.

f) Sudukan campuran salad ke atas tortilla, lipat di sisi, dan gulungkannya seperti bungkus.

g) Potong separuh dan hidangkan.

50.Salad Quinoa Mediterranean

BAHAN-BAHAN:
- 1 cawan quinoa
- 2 cawan air
- 1 cawan tomato ceri, dibelah dua
- 1 timun, potong dadu
- ½ lada benggala merah, potong dadu
- ¼ cawan bawang merah, dicincang halus
- ¼ cawan pasli segar, dicincang
- ¼ cawan keju feta, hancur
- 2 sudu besar minyak zaitun extra-virgin
- 2 sudu besar jus lemon
- 1 sudu teh oregano kering
- Garam dan lada sulah secukup rasa

ARAHAN:
a) Bilas quinoa di bawah air sejuk.
b) Dalam periuk, satukan quinoa dan air, masak sehingga mendidih, kemudian kecilkan hingga mendidih. Tutup dan masak selama kira-kira 15 minit atau sehingga air diserap.
c) Dalam mangkuk besar, campurkan quinoa yang telah dimasak, tomato ceri, timun, lada benggala merah, bawang merah, dan pasli segar.
d) Dalam mangkuk kecil, pukul bersama minyak zaitun, jus lemon, oregano kering, garam dan lada sulah.
e) Tuangkan dressing ke atas salad dan gaulkan hingga sebati.
f) Teratas dengan keju feta hancur.
g) Hidangkan sejuk dan nikmati!

51. Tuna Mediterranean dan Salad Kacang Putih

BAHAN-BAHAN:
- 1 tin (6 auns) tuna dalam air, toskan
- 1 tin (15 auns) kacang putih, toskan dan bilas
- ½ cawan tomato ceri, dibelah dua
- ¼ cawan bawang merah, dicincang halus
- 2 sudu besar selasih segar, dicincang
- 2 sudu besar minyak zaitun extra-virgin
- 1 sudu besar cuka wain merah
- 1 ulas bawang putih, dikisar
- Garam dan lada sulah secukup rasa

ARAHAN:

a) Dalam mangkuk, satukan tuna yang telah dikeringkan, kacang putih, tomato ceri, bawang merah dan selasih segar.

b) Dalam mangkuk kecil, pukul bersama minyak zaitun, cuka wain merah, bawang putih cincang, garam dan lada sulah.

c) Tuangkan dressing ke atas salad dan gaulkan hingga sebati.

d) Hidangkan tuna Mediterranean dan salad kacang putih ini sebagai makan tengah hari yang lazat dan penuh protein.

52. Sotong dan Nasi

BAHAN-BAHAN:
- 6 oz. makanan laut (mana-mana pilihan anda)
- 3 ulas bawang putih
- 1 biji bawang besar sederhana (dihiris)
- 3 Sudu besar minyak zaitun
- 1 lada hijau (dihiris)
- 1 sudu besar dakwat sotong
- 1 tandan pasli
- 2 Sudu besar paprika
- 550 gram sotong (dibersihkan)
- 1 sudu besar garam
- 2 biji saderi (potong dadu)
- 1 helai daun salam segar
- 2 biji tomato bersaiz sederhana (parut)
- 300g beras calasparra
- 125ml wain putih
- 2 cawan stok ikan
- 1 biji lemon

ARAHAN:

a) Dalam kuali, tuangkan minyak zaitun. Satukan bawang besar, daun bay, lada, dan bawang putih dalam mangkuk adunan. Biarkan beberapa minit menggoreng.

b) Masukkan sotong dan makanan laut. Masak beberapa minit, kemudian keluarkan sotong/makanan laut.

c) Dalam mangkuk adunan yang besar, satukan paprika, tomato, garam, saderi, wain dan pasli. Biarkan 5 minit untuk sayur-sayuran selesai masak.

d) Masukkan beras yang telah dibilas dalam kuali. Satukan stok ikan dan dakwat sotong dalam mangkuk adunan.

e) Masak selama 10 minit. Satukan makanan laut dan sotong dalam mangkuk adunan yang besar.

f) Masak selama 5 minit lagi.

g) Hidangkan dengan aioli atau lemon.

MAKAN MALAM YUNANI

53. Daun Anggur Sumbat Yunani

BAHAN-BAHAN:
- Setengah cawan nasi masak
- Satu cawan pes tomato
- Dua sudu besar mentega tanpa garam
- Tiga sudu besar gula pasir
- Dua cawan daging lembu yang dimasak
- Satu sudu teh halia cincang
- Dua cawan keju campuran
- Pasli segar yang dicincang
- Dua sudu besar minyak zaitun
- Satu paun daun anggur
- Dua cawan tomato
- Sedikit garam
- Secubit lada hitam
- Satu cawan bawang merah yang dihiris
- Satu sudu besar bawang putih kisar

ARAHAN:
a) Ambil kuali besar.
b) Masukkan mentega dan bawang cincang ke dalam kuali.
c) Masak bawang hingga lembut.
d) Masukkan bawang putih dan halia serta daging cincang, tomato, dan pes tomato.
e) Masak daging lembu dengan baik selama kira-kira sepuluh minit.
f) Masukkan gula pasir, nasi masak, garam dan lada sulah.
g) Campurkan semuanya dengan baik dan hidangan.
h) Bersihkan daun anggur dan masukkan adunan yang telah dimasak ke dalamnya.
i) Gulung daun anggur.
j) Masukkan keju campuran di atas dan letakkan daun anggur di atas dulang pembakar yang telah digris.
k) Kukus daun anggur selama kira-kira sepuluh hingga lima belas minit.
l) Hiaskan daun anggur dengan daun pasli yang baru dicincang.

54.Orzo Bakar Yunani

BAHAN-BAHAN:
- Satu cawan orzo yang belum dimasak
- Dua cawan potongan ayam
- Lapan auns bayam yang baru dipotong
- Satu sudu dill segar
- Empat sudu teh minyak zaitun
- Satu sudu teh oregano kering
- Dua ulas bawang putih cincang
- Dua cawan susu penuh
- Lima auns tomato kering matahari
- Satu cawan keju feta hancur
- Satu sudu teh lada lemon
- Satu sudu teh garam
- Satu sudu teh lada

ARAHAN:
a) Ambil mangkuk besar.
b) Masukkan lada, lada lemon, dill segar, oregano kering, dan garam ke dalam mangkuk.
c) Campurkan semua bahan dengan baik.
d) Masukkan kepingan ayam, orzo, minyak zaitun, dan bayam ke dalam mangkuk.
e) Campurkan bahan-bahan dengan baik dan masukkan bawang putih yang dicincang dan bahan-bahan lain.
f) Campurkan semua bahan kedua-dua mangkuk bersama.
g) Tuang adunan ke dalam loyang yang telah digris.
h) Bakar orzo selama dua puluh lima hingga tiga puluh minit.
i) Hidangkan orzo apabila selesai.
j) Hidangan sedia untuk dihidangkan.

55.Spanakopita Yunani

BAHAN-BAHAN:
UNTUK DOH:
- Dua cawan tepung serba guna
- Dua sudu teh garam laut halus
- Setengah cawan mentega lembut tanpa garam
- Dua telur keseluruhan
- Suku cawan air batu

UNTUK PENGISIAN:
- Satu cawan keju feta
- Empat biji telur
- Setengah sudu teh buah pala yang baru diparut
- Sedikit garam
- Satu sudu besar minyak zaitun
- Seperempat cawan bawang cincang
- Satu sudu teh bawang putih cincang
- Satu sudu besar susu
- Setengah cawan bayam cincang
- Secubit lada hitam ditumbuk

ARAHAN:
a) Ambil mangkuk besar.
b) Masukkan tepung dan garam laut ke dalam mangkuk.
c) Campurkan bahan-bahan dengan baik dan masukkan telur, air, dan mentega lembut ke dalam mangkuk.
d) Campurkan semua bahan dengan baik untuk membentuk doh.
e) Ambil kuali besar.
f) Masukkan minyak zaitun ke dalam kuali.
g) Masukkan bawang besar dan bawang putih apabila minyak panas.
h) Masak bawang hingga lembut.
i) Campurkan telur dan masukkan bayam cincang ke dalam kuali.
j) Masak bahan sehingga bayam layu.
k) Masukkan keju feta, susu, lada hitam, garam, dan buah pala yang baru diparut ke dalam kuali.
l) Masak bahan selama kira-kira lima minit.
m) Matikan dapur dan biarkan adunan sejuk.
n) Canai doh dan letak separuh daripadanya dalam loyang bulat.
o) Masukkan adunan yang telah dimasak ke dalam adunan dan tutup adunan dengan baki adunan.
p) Bakar spanakopita selama kira-kira dua puluh hingga dua puluh lima minit.
q) Hidangkan spanakopita apabila sudah siap.

56. Pai Keju Yunani (Tiropita)

BAHAN-BAHAN:
- Suku cawan keju feta Yunani
- Satu cawan keju gruyere
- Satu cawan susu
- Empat telur keseluruhan
- Suku cawan keju Philadelphia
- setengah cawan mentega cair
- Satu pek helaian phyllo organik
- Satu tangkai daun thyme segar
- Dua sudu besar bijan
- Sedikit garam
- Secubit lada hitam yang baru ditumbuk

ARAHAN:
a) Ambil kuali besar.
b) Masukkan mentega ke dalam kuali dan cairkannya.
c) Masukkan bijan, telur, garam dan lada sulah ke dalam kuali.
d) Masak telur dengan baik, dan kemudian masukkan thyme ke dalam kuali.
e) Masak hidangan selama dua hingga tiga minit dan kemudian keluarkan.
f) Masukkan susu, keju Philadelphia, keju feta Greek dan keju gruyere apabila campuran menjadi sejuk.
g) Campurkan semuanya dengan baik.
h) Potong helaian phyllo mengikut bentuk yang dikehendaki dan masukkan adunan di atas ke tengah.
i) Letakkan pai di atas dulang pembakar yang telah digris.
j) Letakkan dulang pembakar dalam ketuhar yang telah dipanaskan.
k) Bakar pai selama kira-kira empat puluh lima hingga lima puluh minit.
l) Hidangkan pai apabila ia mencapai warna perang keemasan.
m) Hidangan sedia untuk dihidangkan.

57. Gyros Kambing Yunani Masak Perlahan

BAHAN-BAHAN:
- Empat roti rata
- Setengah cawan sup sayur-sayuran
- Satu perempat cawan jus lemon
- Satu cawan sos tzatziki
- Setengah cawan hirisan bawang merah
- Setengah cawan hirisan tomato
- Setengah cawan salad romaine
- Satu sudu besar bawang putih kisar
- Satu cawan pes tomato
- Dua sudu besar minyak zaitun
- Satu sudu besar serbuk bawang putih
- Satu sudu thyme kering
- Setengah sudu teh kayu manis tanah
- Dua sudu besar serbuk cili
- Satu perempat sudu teh buah pala segar
- Secubit garam laut
- Dua cawan kepingan kambing

ARAHAN:
a) Ambil kuali besar.
b) Masukkan minyak zaitun dan bawang putih ke dalam kuali.
c) Masukkan oregano, pes tomato, paprika salai, buah pala, serbuk cili, thyme, dan garam.
d) Masukkan sup sayuran, jus lemon, dan kepingan kambing ke dalam kuali.
e) Perlahankan dapur dan masak selama kira-kira tiga puluh minit.
f) Masak bahan-bahan dengan baik selama kira-kira lima belas minit.
g) Bakar roti rata selama kira-kira dua hingga tiga minit.
h) Potong roti rata di antara untuk membentuk struktur kantung.
i) Masukkan adunan yang telah dimasak ke dalam roti rata dan lapik dengan sos tzatziki, salad romaine, hirisan tomato dan bawang merah.

58. Courgettes Sumbat Domba Yunani

BAHAN-BAHAN:
- Empat sudu besar minyak zaitun
- Satu cawan bawang cincang
- Satu sudu teh kayu manis
- Empat bawang putih dicincang
- Suku cawan kismis
- Enam labu kuning
- Dua cawan daging kambing cincang
- Suku cawan kismis cincang
- Dua sudu besar kacang pain
- Satu cawan keju feta
- Daun pudina dicincang

ARAHAN:
a) Ambil kuali.
b) Masukkan minyak ke dalam kuali.
c) Masukkan semua bahan kecuali pudina, keju feta, dan labu kuning ke dalam kuali.
d) Masak bahan-bahan itu dengan baik dan kemudian kisarkannya.
e) Masukkan pes di atas courgettes dan tutup dengan keju feta.
f) Bakar courgettes selama kira-kira sepuluh hingga lima belas minit.
g) Hidangkan zucchini dan hiaskan dengan daun pudina yang dicincang.

59. Kambing Yunani Kleftiko

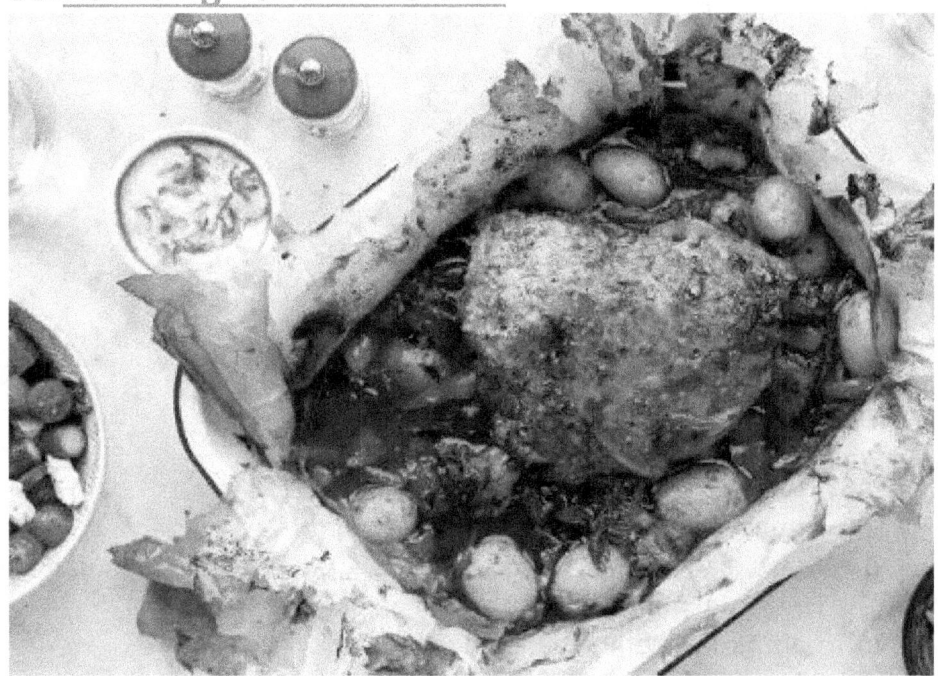

BAHAN-BAHAN:
- Dua cawan kepingan kambing
- Satu sudu dill segar
- Empat sudu teh minyak zaitun
- Satu sudu teh oregano kering
- Dua ulas bawang putih cincang
- Dua cawan susu penuh
- Lima auns tomato kering matahari
- Satu cawan keju feta hancur
- Satu sudu teh lada lemon
- Satu sudu teh garam
- Satu sudu teh lada

ARAHAN:
a) Ambil mangkuk besar.
b) Masukkan lada, lada lemon, dill segar, oregano kering, dan garam ke dalam mangkuk.
c) Campurkan semua bahan dengan baik.
d) Masukkan kepingan kambing dan minyak zaitun ke dalam mangkuk.
e) Campurkan bahan-bahan dengan baik dan masukkan bawang putih yang dicincang dan bahan-bahan lain.
f) Campurkan semua bahan kedua-dua mangkuk bersama.
g) Masukkan adunan ke dalam loyang yang telah digris.
h) Bakar kleftiko kambing selama dua puluh lima hingga tiga puluh minit.
i) Hidangkan kleftiko apabila selesai.
j) Hidangan sedia untuk dihidangkan.

60. Potongan Kambing Berempah dengan Terung Asap

BAHAN-BAHAN:
- Dua cawan kepingan kambing
- Satu sudu dill segar
- Empat sudu teh minyak zaitun
- Satu sudu teh oregano kering
- Dua sudu teh rempah campuran
- Dua ulas bawang putih cincang
- Dua cawan terung
- Satu cawan keju feta hancur
- Satu sudu teh lada lemon
- Satu sudu teh garam
- Satu sudu teh lada

ARAHAN:
a) Ambil mangkuk besar.
b) Masukkan lada, kepingan terung, rempah campuran, lada lemon, dill segar, oregano kering, dan garam ke dalam mangkuk.
c) Campurkan semua bahan dengan baik.
d) Masukkan kepingan kambing dan minyak zaitun ke dalam mangkuk.
e) Campurkan bahan-bahan dengan baik dan masukkan bawang putih yang dicincang dan bahan-bahan lain.
f) Campurkan semua bahan kedua-dua mangkuk bersama.
g) Masukkan adunan ke dalam loyang yang telah digris.
h) Bakar kambing dan terung selama dua puluh lima hingga tiga puluh minit.
i) Hidangkan kambing dan terung apabila siap.
j) Hidangan sedia untuk dihidangkan.

61.Orang Asli Yunani dan Lamb Pasticcio

BAHAN-BAHAN:
- Satu sudu besar bawang putih kisar
- Dua sudu besar dill cincang segar
- Satu cawan keju feta
- Dua cawan daging kambing cincang
- Sedikit garam
- Secubit lada hitam ditumbuk
- Satu cawan kepingan terung
- Dua sudu besar minyak zaitun
- Tiga cawan bayi bayam
- Dua cawan kentang russet
- Satu cawan bawang cincang
- Dua cawan sos tomato
- Dua cawan sos béchamel

ARAHAN:
a) Ambil mangkuk besar.
b) Masukkan terung, daging cincang, kentang, bayam bayi ke dalam mangkuk.
c) Campurkan minyak zaitun, garam, dan lada hitam yang dihancurkan ke dalam mangkuk.
d) Bakar bahan-bahan dalam ketuhar selama kira-kira dua puluh minit.
e) Ambil kuali besar.
f) Masukkan minyak zaitun dan bawang besar ke dalam kuali.
g) Masak bawang hingga lembut.
h) Masukkan bawang putih kisar ke dalam kuali.
i) Masak bahan-bahan dengan baik.
j) Masukkan keju feta, garam, dan lada hitam ke dalam kuali.
k) Campurkan semua bahan dengan baik dan masukkan dill cincang ke dalam
l) kuali.
m) Masukkan kambing dan sayur-sayuran yang dibakar ke dalam kuali dan kemudian gaulkan
n) semuanya baik.
o) Masukkan sos tomato dan sos béchamel di atas campuran sayuran.
p) Bakar selama sepuluh minit lagi.

62. Salad Hijau Yunani dengan Feta Perap

BAHAN-BAHAN:
UNTUK BERPAKAIAN:
- Setengah sudu teh garam halal
- Dua sudu teh lada hitam yang baru dikisar
- Suku cawan cuka wain merah
- Setengah cawan minyak zaitun
- Dua sudu besar bawang putih kisar
- Dua sudu teh oregano segar
- Setengah sudu teh oregano kering

UNTUK SALAD:
- Satu cawan keju feta yang diperap
- Setengah paun hirisan roti
- Setengah sudu teh bawang putih cincang
- Dua sudu besar minyak zaitun
- Setengah cawan buah zaitun Kalamata
- Satu cawan lada benggala merah-oren
- Satu cawan timun Inggeris
- Satu cawan tomato ceri

ARAHAN:
a) Ambil mangkuk kecil.
b) Masukkan minyak zaitun dan bawang putih kisar ke dalamnya.
c) Gaul rata dan sapukan pada kepingan roti.
d) Hidangkan hirisan roti apabila sudah siap.
e) Ambil mangkuk besar.
f) Masukkan timun Inggeris, buah zaitun Kalamata, lada benggala merah-oren, tomato ceri dan keju feta yang diperap ke dalam mangkuk.
g) Campurkan semuanya dengan baik dan ketepikan.
h) Ambil mangkuk kecil.
i) Masukkan minyak zaitun, cuka wain merah, garam halal, bawang putih cincang, lada hitam yang baru dihancurkan, oregano segar, dan oregano kering.
j) Campurkan semuanya dengan baik.
k) Tuangkan dressing ini pada salad yang disediakan.
l) Campurkan semuanya dengan baik dan masukkan hirisan roti bakar ke tepi.

63. Pitas kambing Yunani

BAHAN-BAHAN:
- Dua sudu besar minyak zaitun
- Dua keping roti pita
- Dua telur besar
- Satu tomato ceri masak
- Dua cawan kepingan kambing
- Satu cawan bawang cincang
- Setengah cawan basil cincang
- Suku cawan keju feta hancur
- Sedikit garam
- Secubit lada hitam
- Sekumpulan ketumbar cincang

ARAHAN:
a) Ambil kuali besar.
b) Masukkan minyak zaitun ke dalam kuali.
c) Masukkan bawang besar dan garam ke dalam kuali.
d) Masak bawang dengan baik dan kemudian masukkan lada hitam ke dalam kuali.
e) Masukkan kepingan kambing ke dalam adunan.
f) Masukkan basil cincang ke dalam adunan.
g) Masak bahan-bahan dengan baik selama kira-kira lima belas minit.
h) Hidangkan apabila kepingan kambing siap.
i) Biarkan daging sejuk dan kemudian masukkan keju feta yang telah hancur ke dalamnya.
j) Gaul sebati.
k) Panaskan roti pita.
l) Potong satu lubang pada roti dan masukkan adunan yang telah dimasak ke dalamnya.
m) Hiaskan roti dengan ketumbar cincang.

64. Salmon Bakar Mediterranean

BAHAN-BAHAN:
UNTUK SALMON BAKAR:
- 2 fillet salmon (6 auns setiap satu)
- 2 ulas bawang putih, dikisar
- 2 sudu besar minyak zaitun extra-virgin
- 1 lemon, dijus
- 1 sudu teh oregano kering
- Garam dan lada sulah secukup rasa

UNTUK SALAD YUNANI:
- 1 timun, potong dadu
- 1 cawan tomato ceri, dibelah dua
- ½ bawang merah, dicincang halus
- ¼ cawan buah zaitun Kalamata, diadu dan dihiris
- ¼ cawan keju feta hancur
- 2 sudu besar minyak zaitun extra-virgin
- 2 sudu besar cuka wain merah
- 1 sudu teh oregano kering
- Garam dan lada sulah secukup rasa

ARAHAN:
UNTUK SALMON BAKAR:
a) Panaskan ketuhar hingga 375°F (190°C).
b) Dalam mangkuk kecil, pukul bersama bawang putih cincang, minyak zaitun extra-virgin, jus lemon, oregano kering, garam dan lada sulah.
c) Letakkan fillet salmon pada lembaran pembakar yang dialas dengan kertas parchment.
d) Sapu salmon dengan campuran lemon dan bawang putih.
e) Bakar selama 15-20 minit atau sehingga salmon mudah mengelupas dengan garpu.
UNTUK SALAD YUNANI:
f) Dalam mangkuk salad yang besar, gabungkan timun yang dipotong dadu, tomato ceri, bawang merah, buah zaitun Kalamata dan keju feta yang telah hancur.
g) Dalam mangkuk kecil, pukul bersama minyak zaitun extra-virgin, cuka wain merah, oregano kering, garam dan lada.
h) Tuangkan dressing ke atas salad dan gaulkan hingga sebati.
i) Hidangkan salmon yang dibakar bersama salad Yunani.

65.Lada Loceng Sumbat Quinoa Mediterranean

BAHAN-BAHAN:
- 4 lada benggala besar (sebarang warna)
- 1 cawan quinoa
- 2 cawan air
- 1 tin (15 auns) kacang ayam, toskan dan bilas
- ½ cawan tomato potong dadu
- ¼ cawan pasli segar yang dicincang
- ¼ cawan keju feta hancur
- 2 sudu besar minyak zaitun extra-virgin
- 1 sudu besar jus lemon
- 1 sudu teh oregano kering
- Garam dan lada sulah secukup rasa
- Daun selasih, untuk hiasan

ARAHAN:
a) Panaskan ketuhar hingga 375°F (190°C).
b) Potong bahagian atas dari lada benggala dan keluarkan biji dan membran.
c) Dalam periuk, satukan quinoa dan air, masak sehingga mendidih, kemudian kecilkan hingga mendidih. Tutup dan masak selama kira-kira 15 minit atau sehingga air diserap.
d) Dalam mangkuk, campurkan quinoa yang telah dimasak, kacang ayam, tomato dadu, pasli segar yang dicincang dan keju feta yang telah hancur.
e) Tambah minyak zaitun extra-virgin, jus lemon, oregano kering, garam, dan lada ke dalam campuran quinoa. Gaul sebati.
f) Sumbat lada benggala dengan campuran quinoa dan kacang ayam.
g) Letakkan lada yang disumbat dalam hidangan pembakar, tutup dengan kerajang aluminium, dan bakar selama kira-kira 30 minit.
h) Keluarkan foil dan bakar selama 10 minit tambahan atau sehingga lada lembut dan bahagian atasnya sedikit keperangan.
i) Hidangkan, hias dengan daun selasih.

66. Lentil Mediterranean dan Stew Sayuran

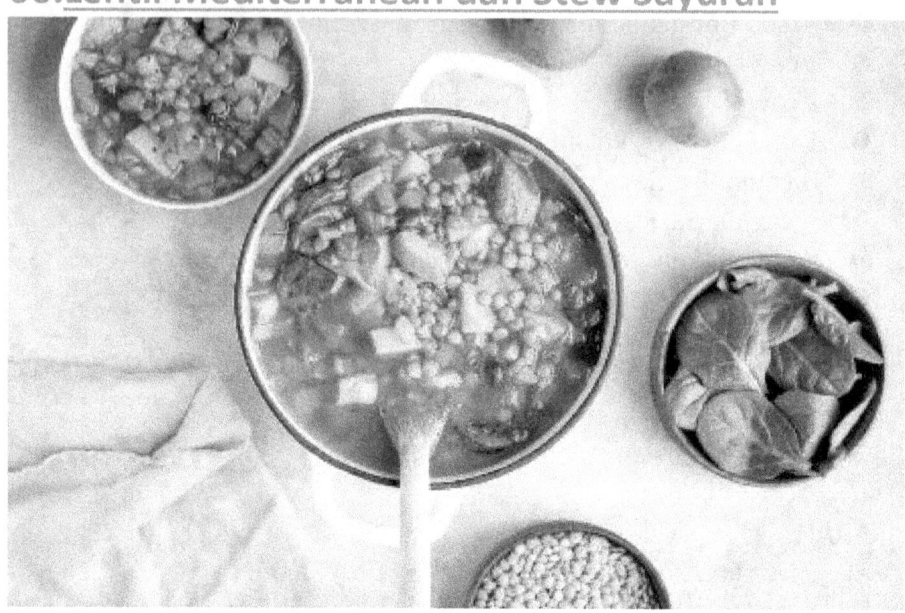

BAHAN-BAHAN:
- 1 cawan lentil hijau atau coklat, bilas dan toskan
- 4 cawan sup sayur
- 2 lobak merah, potong dadu
- 2 batang saderi, potong dadu
- 1 biji bawang, dicincang halus
- 2 ulas bawang putih, dikisar
- 1 tin (15 auns) tomato dipotong dadu
- 1 sudu teh oregano kering
- 1 sudu teh thyme kering
- Garam dan lada sulah secukup rasa
- 2 sudu besar minyak zaitun extra-virgin
- Pasli segar untuk hiasan1 cawan bayi bayam

ARAHAN:
a) Dalam periuk besar, panaskan minyak zaitun extra-virgin di atas api sederhana.
b) Masukkan bawang cincang, lobak merah, dan saderi. Tumis selama kira-kira 5 minit sehingga mereka mula lembut.
c) Masukkan bawang putih cincang, oregano kering, dan thyme kering. Masak seminit lagi.
d) Masukkan lentil, sup sayur-sayuran, dan tomato potong dadu. Biarkan mendidih.
e) Kecilkan api, tutup, dan reneh selama kira-kira 25-30 minit, atau sehingga lentil lembut.
f) Sebelum dihidangkan, masukkan bayam kacau hingga layu.
g) Perasakan dengan garam dan lada sulah secukup rasa.
h) Hidangkan lentil Mediterranean dan rebus sayuran panas, dihiasi dengan pasli segar.

67. Sayur Bakar dan Lidi Halloumi

BAHAN-BAHAN:
UNTUK STEWERS:
- 1 lada benggala merah, potong kecil
- 1 lada benggala kuning, potong kecil
- 1 zucchini, dihiris bulat
- 1 biji bawang merah, potong kecil
- 8 biji tomato ceri
- 8 lidi kayu, rendam dalam air
- 8 auns keju halloumi, potong kiub

UNTUK PERAPIAN:
- 2 sudu besar minyak zaitun extra-virgin
- 2 sudu besar jus lemon
- 1 sudu teh oregano kering
- Garam dan lada sulah secukup rasa

ARAHAN:

a) Panaskan panggangan ke api sederhana tinggi.

b) Masukkan lada benggala, zucchini, bawang merah, tomato ceri dan keju halloumi secara berselang-seli pada lidi kayu yang telah direndam.

c) Dalam mangkuk kecil, pukul bersama minyak zaitun extra-virgin, jus lemon, oregano kering, garam dan lada untuk membuat perapan.

d) Sapu lidi dengan bahan perapan.

e) Bakar lidi selama kira-kira 3-4 minit setiap sisi, atau sehingga sayur-sayuran lembut dan keju halloumi berwarna perang sedikit.

68. Tumis Udang Mediterranean dan Bayam

BAHAN-BAHAN:
- 8 auns udang besar, dikupas dan dikeringkan
- 2 sudu besar minyak zaitun extra-virgin
- 2 ulas bawang putih, dikisar
- 6 cawan bayam segar
- ½ cawan tomato ceri, dibelah dua
- 1 sudu besar jus lemon
- ½ sudu teh oregano kering
- Garam dan lada sulah secukup rasa
- 1 hingga 2 zucchini dibelah dua mengikut panjang, dihiris menjadi ½ bulan
- 1 cawan kacang ayam masak dari kacang ayam dalam tin, toskan
- Keju Feta hancur (pilihan)
- Segenggam daun selasih segar, koyak

ARAHAN:

a) Dalam kuali besar, panaskan minyak zaitun extra-virgin di atas api sederhana tinggi.

b) Masukkan bawang putih kisar dan tumis lebih kurang 30 saat hingga naik bau.

c) Masukkan hirisan zucchini dan masak selama 3-4 minit, atau sehingga ia mula lembut dan sedikit perang.

d) Tolak zucchini ke tepi kuali dan masukkan udang.

e) Masak selama 2-3 minit pada setiap sisi atau sehingga ia menjadi merah jambu dan legap.

f) Masukkan kacang ayam, tomato ceri, dan bayam segar ke dalam kuali. Tumis sehingga bayam layu dan tomato empuk.

g) Siram dengan jus lemon dan taburkan dengan oregano kering, garam, dan lada.

h) Toskan hingga sebati dan masak selama satu minit tambahan.

i) Jika mahu, taburkan serpihan keju feta dan daun selasih segar yang koyak sebelum dihidangkan.

VEGETARIAN YUNANI

70. Skordalia Vegan Yunani

BAHAN-BAHAN:
- Suku cawan hidangan badam
- Setengah cawan minyak zaitun
- Satu kentang russet
- Dua sudu besar jus lemon
- Dua sudu teh cuka wain merah
- Sepuluh ulas bawang putih yang dihiris
- Setengah sudu teh garam

ARAHAN:
a) Ambil periuk.
b) Rebus kentang dalam periuk.
c) Toskan kentang apabila siap.
d) Tumbuk kentang.
e) Masukkan bawang putih, jus lemon, tepung badam, garam, cuka wain merah, dan minyak zaitun ke dalam kentang tumbuk.
f) Campurkan semuanya dengan baik.

71. Salad Yunani Orzo Pasta dengan Vegan Feta

BAHAN-BAHAN:
- Sebiji bawang merah dihiris
- Lapan auns pasta orzo
- Setengah cawan buah zaitun Kalamata
- Dua cawan tomato ceri
- Setengah cawan pasli cincang
- Dua cawan keju vegan
- Satu timun dicincang
- Satu cawan perisa lemon

ARAHAN:
a) Ambil periuk dan masukkan air di dalamnya.
b) Didihkan air dan masukkan pasta orzo ke dalamnya.
c) Toskan pasta orzo apabila siap.
d) Masukkan baki bahan ke dalam pasta.
e) Campurkan semuanya dengan baik.

72. Gyros Chickpea Yunani

BAHAN-BAHAN:
- Empat roti rata
- Setengah cawan sup sayur-sayuran
- Satu perempat cawan jus lemon
- Satu cawan sos tzatziki
- Setengah cawan hirisan bawang merah
- Setengah cawan hirisan tomato
- Setengah cawan salad romaine
- Satu sudu besar bawang putih kisar
- Satu cawan pes tomato
- Dua sudu besar minyak zaitun
- Satu sudu besar serbuk bawang putih
- Satu sudu thyme kering
- Setengah sudu teh kayu manis tanah
- Dua sudu besar serbuk cili
- Satu perempat sudu teh buah pala segar
- Secubit garam laut
- Dua cawan kepingan kacang

ARAHAN:
a) Ambil kuali besar.
b) Masukkan minyak zaitun dan bawang putih ke dalam kuali.
c) Masukkan oregano, pes tomato, paprika salai, buah pala, serbuk cili, thyme, dan garam.
d) Masukkan sup sayur, jus lemon, dan kepingan kacang ke dalam kuali.
e) Masak bahan-bahan dengan baik selama kira-kira dua puluh minit.
f) Bakar roti rata selama kira-kira dua hingga tiga minit.
g) Potong roti rata di antara untuk membentuk struktur kantung.
h) Masukkan adunan yang telah dimasak ke dalam roti rata dan lapik dengan sos tzatziki, salad romaine, hirisan tomato dan bawang merah.

73. Moussaka Vegetarian Yunani

BAHAN-BAHAN:
- Satu sudu besar bawang putih kisar
- Dua sudu besar dill cincang segar
- Satu cawan keju feta
- Dua cawan kepingan zucchini
- Sedikit garam
- Secubit lada hitam ditumbuk
- Satu cawan kepingan terung
- Dua sudu besar minyak zaitun
- Tiga cawan bayi bayam
- Dua cawan kentang russet
- Satu cawan bawang cincang
- Dua cawan sos tomato
- Dua cawan sos béchamel

ARAHAN:
a) Ambil mangkuk besar.
b) Masukkan terung, kepingan zucchini, kentang, bayam bayi ke dalam mangkuk.
c) Campurkan minyak zaitun, garam, dan lada hitam yang dihancurkan ke dalam mangkuk.
d) Bakar bahan-bahan dalam ketuhar selama kira-kira dua puluh minit.
e) Ambil kuali besar.
f) Masukkan minyak zaitun dan bawang besar ke dalam kuali.
g) Masak bawang hingga lembut.
h) Masukkan bawang putih kisar ke dalam kuali.
i) Masak bahan-bahan dengan baik.
j) Masukkan keju feta, garam, dan lada hitam ke dalam kuali.
k) Campurkan semua bahan dengan baik dan masukkan dill cincang ke dalam
l) kuali.
m) Masukkan sayur-sayuran yang dibakar ke dalam kuali dan kemudian campurkan semuanya
n) baiklah.
o) Masukkan sos tomato dan sos béchamel di atas campuran sayuran.
p) Bakar selama sepuluh minit lagi.

74. Zucchini Bakar Yunani dan Kentang

BAHAN-BAHAN:
- Setengah cawan pasli cincang
- Dua sudu besar daun oregano
- Satu sudu besar daun rosemary
- Dua sudu besar daun pasli
- Setengah cawan bawang cincang
- Dua sudu besar minyak zaitun
- Setengah cawan daun selasih
- Satu cawan lada benggala merah
- Satu sudu besar lada merah ditumbuk
- Setengah sudu teh daun adas
- Secubit garam halal
- Secubit lada hitam
- Satu cawan kepingan terung
- Satu cawan kepingan zucchini
- Satu cawan daun kucai dicincang
- Satu cawan tomato ceri
- Setengah cawan ranting musim panas yang lazat
- Dua sudu besar bawang putih kisar
- Dua sudu thyme kering

ARAHAN:

a) Ambil kuali besar.
b) Masukkan minyak zaitun dan bawang cincang ke dalamnya.
c) Masak bawang sehingga ia bertukar warna coklat muda.
d) Masukkan bawang putih kisar ke dalam kuali.
e) Masak adunan selama lima minit.
f) Perasakan adunan dengan garam dan lada sulah.
g) Masukkan rempah dan semua sayur-sayuran.
h) Dalam mangkuk, hancurkan tomato ceri dan masukkan garam.
i) Hidangkan adunan dalam pinggan apabila sayur-sayuran sudah siap.
j) Masukkan tomato yang telah dihancurkan ke dalam kuali.
k) Masak tomato selama sepuluh minit atau sehingga ia menjadi lembut.
l) Masukkan adunan sayur ke dalam kuali semula.
m) Masukkan baki bahan ke dalam kuali dan bakar selama kira-kira lima belas minit.

75.Nasi Vegetarian Yunani

BAHAN-BAHAN:
- Tiga cawan sayur campur cincang
- Dua sudu teh jus lemon
- Setengah cawan bawang cincang
- Dua sudu besar bawang putih kisar
- Dua sudu besar minyak zaitun
- Sedikit garam
- Secubit lada hitam
- Satu suku cawan pudina kering
- Dua sudu besar dill segar yang dicincang
- Dua paun butir beras
- Dua cawan pes tomato
- Dua cawan air

ARAHAN:
a) Ambil periuk besar.
b) Masukkan air ke dalam kuali dan perasakan dengan garam.
c) Didihkan air dan kemudian masukkan beras ke dalam air.
d) Rebus beras dan kemudian toskan.
e) Ambil kuali besar.
f) Masukkan minyak zaitun dan panaskan dengan baik.
g) Masukkan bawang cincang ke dalam kuali dan masak sehingga ia menjadi lembut dan wangi.
h) Masukkan bawang putih cincang ke dalam kuali.
i) Masukkan sayur-sayuran, pes tomato, jus lemon, garam, dan lada hitam yang dihancurkan ke dalam kuali.
j) Masak bahan selama kira-kira sepuluh minit.
k) Masukkan nasi yang telah direbus ke dalam kuali dan gaul rata.
l) Masukkan pudina kering dan dill cincang ke dalam kuali.
m) Letakkan penutup di atas kuali.
n) Masak nasi selama kira-kira lima minit dengan api perlahan.

76.Greek Gigantes Plaki

BAHAN-BAHAN:
- Empat sudu besar saderi yang dicincang halus
- Setengah cawan air panas
- Dua cawan tomato cincang halus
- Satu sudu teh daun oregano kering
- Secubit lada hitam yang baru ditumbuk
- Secubit garam halal
- Setengah cawan minyak zaitun
- Dua sudu besar bawang putih kisar
- Dua cawan gigantes plaki
- Setengah cawan bawang cincang
- Empat sudu besar pasli cincang halus

ARAHAN:
a) Ambil kuali.
b) Masukkan minyak zaitun dan bawang besar.
c) Masak bawang hingga lembut dan wangi.
d) Masukkan bawang putih yang dicincang ke dalam kuali.
e) Masak adunan dan masukkan tomato ke dalamnya.
f) Tutup pinggan dengan tudung.
g) Masak tomato sehingga menjadi lembut.
h) Masukkan kacang ke dalam kuali.
i) Masak selama lima minit.
j) Masukkan air, garam, dan lada hitam ke dalam kuali.
k) Campurkan bahan dengan teliti dan tutup kuali.
l) Apabila kacang telah masak, hidangkannya.
m) Hiaskan hidangan dengan saderi cincang dan daun pasli di atas.

77. Fritters Tomato Yunani

BAHAN-BAHAN:
- Satu cawan tomato cincang
- Satu cawan bawang merah
- Satu cawan tepung gram
- Sedikit garam
- Dua sudu besar rempah campur
- Setengah cawan dill cincang
- Setengah cawan ketumbar cincang
- Minyak sayuran

ARAHAN:
a) Ambil mangkuk besar.
b) Masukkan semua ke dalam mangkuk dan gaul rata.
c) Masukkan air ke dalam mangkuk untuk membentuk adunan.
d) Panaskan kuali dan masukkan minyak sayuran ke dalamnya.
e) Masukkan sesudu adunan ke dalam kuali dengan teliti dan masak selama beberapa minit.
f) Hidangkannya apabila goreng menjadi coklat muda.

78. Fritters Chickpea Greek

BAHAN-BAHAN:
- Satu cawan kacang ayam rebus
- Satu cawan bawang merah
- Satu cawan tepung gram
- Sedikit garam
- Dua sudu besar rempah campur
- Setengah cawan dill cincang
- Setengah cawan ketumbar cincang
- Minyak sayuran

ARAHAN:
a) Ambil mangkuk besar.
b) Masukkan semua ke dalam mangkuk dan gaul rata.
c) Masukkan air ke dalam mangkuk untuk membentuk adunan.
d) Panaskan kuali dan masukkan minyak sayuran ke dalamnya.
e) Masukkan sesudu adunan ke dalam kuali dengan teliti dan masak selama beberapa minit.
f) Hidangkannya apabila goreng menjadi coklat muda.

79.Stew Kacang Putih Greek

BAHAN-BAHAN:
- Satu cawan bawang cincang
- Satu cawan pasli cincang
- Satu cawan stok sayur
- Satu cawan air
- Sedikit garam
- Secubit lada hitam
- Dua sudu besar minyak zaitun
- Satu paun kacang putih
- Setengah sudu besar bawang putih cincang
- Dua cawan tomato cincang
- Setengah cawan thyme segar yang dicincang
- Setengah cawan oregano segar yang dicincang
- Setengah cawan daun kucai segar yang dicincang
- Satu sudu teh serbuk rempah campuran
- Setengah sudu teh paprika salai
- Satu daun bay

ARAHAN:
a) Ambil kuali besar.
b) Masukkan bawang cincang dan minyak zaitun ke dalamnya.
c) Campurkan bahan-bahan dengan baik.
d) Masukkan bawang putih yang dicincang ke dalam kuali.
e) Masukkan tomato, oregano, daun bay, garam, lada hitam, thyme, paprika salai, campurkan serbuk rempah, dan daun kucai ke dalam kuali.
f) Masak bahan-bahan dengan baik.
g) Masukkan kacang putih ke dalam adunan.
h) Masukkan stok sayur dan air ke dalam kuali.
i) Campurkan rebusan dengan baik.
j) Letakkan penutup di atas kuali.
k) Masak rebusan selama sepuluh hingga lima belas minit.
l) Hidangkan rebusan apabila kacang siap.
m) Hiaskan hidangan dengan pasli cincang di atas.

80. Bamie Vegetarian Yunani s

BAHAN-BAHAN:
- Satu cawan bawang cincang
- Satu cawan pasli cincang
- Satu cawan stok sayur
- Satu cawan air
- Sedikit garam
- Secubit lada hitam
- Dua sudu besar minyak zaitun
- Satu paun bendi
- Setengah sudu besar bawang putih cincang
- Dua cawan tomato cincang
- Setengah cawan thyme segar yang dicincang
- Setengah cawan oregano segar yang dicincang
- Setengah cawan daun kucai segar yang dicincang
- Satu sudu teh serbuk rempah campuran
- Setengah sudu teh paprika salai
- Satu daun bay

ARAHAN:
a) Ambil kuali besar.
b) Masukkan bawang cincang dan minyak zaitun ke dalamnya.
c) Campurkan bahan-bahan dengan baik.
d) Masukkan bawang putih cincang ke dalam kuali.
e) Masukkan tomato, oregano, daun bay, garam, lada hitam, thyme, paprika salai, campurkan serbuk rempah, dan daun kucai ke dalam kuali.
f) Masak bahan-bahan dengan baik.
g) Masukkan kepingan bendi ke dalam adunan.
h) Masukkan stok sayur dan air ke dalam kuali.
i) Campurkan rebusan dengan baik.
j) Letakkan penutup di atas kuali.
k) Masak rebusan selama sepuluh hingga lima belas minit.
l) Hidangkan rebusan apabila sayur-sayuran siap.
m) Hiaskan hidangan dengan pasli cincang di atas.

81. Mangkuk Sayur Bakar Greek

BAHAN-BAHAN:
- Sebiji bawang merah dihiris
- Satu cawan kepingan terung
- Satu cawan kepingan zucchini
- Dua cawan tomato ceri
- Setengah cawan pasli cincang
- Dua cawan keju feta
- Satu cawan lada benggala
- Satu cawan cendawan
- Satu cawan perisa lemon

ARAHAN:
a) Ambil kuali panggang dan masukkan minyak zaitun di dalamnya.
b) Bakar sayuran di atasnya.
c) Keluarkan sayur apabila sudah siap.
d) Masukkan bahan-bahan lain ke dalam sayur-sayuran.
e) Campurkan semuanya dengan baik.

82. Bebola Sayur dengan Sos Lemon Tahini

BAHAN-BAHAN:
- Sebiji bawang merah dihiris
- Dua ulas bawang putih yang dikisar
- Sedikit garam
- Secubit lada hitam
- Setengah cawan daun pudina
- Dua cawan sayur campur parut
- Setengah sudu teh oregano
- Satu telur
- Dua sudu besar minyak zaitun
- Satu cawan sos lemon tahini

ARAHAN:
a) Ambil mangkuk besar.
b) Masukkan sayur campur parut, rempah, pudina, bawang besar, bawang putih, dan telur ke dalam mangkuk.
c) Campurkan semua bahan dengan baik dan bentuk struktur bola bulat.
d) Goreng bebola sayuran dalam minyak zaitun sehingga mereka bertukar menjadi perang keemasan.
e) Hidangkan bebola.
f) Hidangkan bebola dengan sos lemon tahini di sebelah.

83. Sayuran Panggang Greek

BAHAN-BAHAN:
- Setengah cawan pasli cincang
- Dua sudu besar daun oregano
- Satu sudu besar daun rosemary
- Dua sudu besar daun pasli
- Setengah cawan bawang cincang
- Dua sudu besar minyak zaitun
- Setengah cawan daun selasih
- Satu sudu besar lada merah ditumbuk
- Setengah sudu teh daun adas
- Secubit garam halal
- Secubit lada hitam
- Tiga cawan kepingan sayur campur
- Satu cawan daun kucai dicincang
- Satu cawan tomato ceri
- Setengah cawan ranting musim panas yang lazat
- Dua sudu besar bawang putih kisar
- Dua sudu thyme kering

ARAHAN:
a) Ambil kuali besar.
b) Masukkan minyak zaitun dan bawang cincang ke dalamnya.
c) Masak bawang sehingga ia bertukar warna coklat muda.
d) Masukkan bawang putih kisar ke dalam kuali.
e) Masak adunan selama lima minit.
f) Perasakan adunan dengan garam dan lada sulah.
g) Masukkan rempah dan semua sayur-sayuran.
h) Dalam mangkuk, hancurkan tomato ceri dan masukkan garam.
i) Hidangkan adunan dalam pinggan apabila sayur-sayuran sudah siap.
j) Masukkan tomato yang telah dihancurkan ke dalam kuali.
k) Masak tomato selama sepuluh minit atau sehingga ia menjadi lembut.
l) Masukkan adunan sayur ke dalam kuali semula.
m) Masukkan baki bahan ke dalam kuali dan bakar selama kira-kira lima belas minit.

84. Greek Aubergine and Tomato Stew

BAHAN-BAHAN:
- Satu cawan bawang cincang
- Satu cawan pasli cincang
- Satu cawan stok sayur
- Satu cawan air
- Sedikit garam
- Secubit lada hitam
- Dua sudu besar minyak zaitun
- Satu paun orang asli
- Setengah sudu besar bawang putih cincang
- Dua cawan tomato cincang
- Setengah cawan thyme segar yang dicincang
- Setengah cawan oregano segar yang dicincang
- Setengah cawan daun kucai segar yang dicincang
- Satu sudu teh serbuk rempah campuran
- Setengah sudu teh paprika salai
- Satu daun bay

ARAHAN:
a) Ambil kuali besar.
b) Masukkan bawang cincang dan minyak zaitun ke dalamnya.
c) Campurkan bahan-bahan dengan baik.
d) Masukkan bawang putih yang dicincang ke dalam kuali.
e) Masukkan tomato, oregano, daun bay, garam, lada hitam, thyme, paprika salai, campurkan serbuk rempah, dan daun kucai ke dalam kuali.
f) Masak bahan-bahan dengan baik.
g) Masukkan orang asli ke dalam adunan.
h) Masukkan stok sayur dan air ke dalam kuali.
i) Campurkan rebusan dengan baik.
j) Letakkan penutup di atas kuali.
k) Masak rebusan selama sepuluh hingga lima belas minit.
l) Hidangkan rebusan apabila sayur-sayuran siap.
m) Hiaskan hidangan dengan pasli cincang di atas.

85.Tartine Avocado Yunani

BAHAN-BAHAN:
- Setengah cawan jus lemon
- Empat keping roti Tartine
- Setengah cawan tomato ceri
- Setengah cawan minyak zaitun extra-virgin
- Setengah cawan keju hancur
- Cili merah ditumbuk
- Seperempat cawan dill
- Dua cawan alpukat cincang
- Sedikit garam
- Secubit lada hitam

ARAHAN:
a) Ambil mangkuk besar.
b) Masukkan semua bahan kecuali hirisan roti.
c) Campurkan semua bahan.
d) Bakar hirisan roti tartine
e) Sapukan adunan di atas kepingan roti.

86. Nasi Bayam Yunani

BAHAN-BAHAN:
- Tiga cawan bayam cincang
- Dua sudu teh jus lemon
- Setengah cawan bawang cincang
- Dua sudu besar bawang putih kisar
- Dua sudu besar minyak zaitun
- Sedikit garam
- Secubit lada hitam
- Satu suku cawan pudina kering
- Dua sudu besar dill segar yang dicincang
- Dua paun butir beras
- Dua cawan pes tomato
- Dua cawan air

ARAHAN:
a) Ambil periuk besar.
b) Masukkan air ke dalam kuali dan perasakan dengan garam.
c) Didihkan air dan kemudian masukkan beras ke dalam air.
d) Rebus beras dan kemudian toskan.
e) Ambil kuali besar.
f) Masukkan minyak zaitun dan panaskan dengan baik.
g) Masukkan bawang cincang ke dalam kuali dan masak sehingga ia menjadi lembut dan wangi.
h) Masukkan bawang putih yang dicincang ke dalam kuali.
i) Masukkan bayam, pes tomato, jus lemon, garam, dan lada hitam yang dihancurkan ke dalam kuali.
j) Masak bahan selama kira-kira sepuluh minit.
k) Masukkan nasi yang telah direbus ke dalam kuali dan gaul rata.
l) Masukkan pudina kering dan dill cincang ke dalam kuali.
m) Letakkan penutup di atas kuali.
n) Masak nasi selama kira-kira lima minit dengan api perlahan.

87. Sup Avgolemono Yunani

BAHAN-BAHAN:
- Setengah cawan thyme segar yang dicincang
- Setengah cawan oregano segar yang dicincang
- Setengah cawan daun kucai segar yang dicincang
- Satu sudu teh serbuk rempah campuran
- Setengah sudu teh paprika salai
- Satu daun bay
- Sedikit garam
- Secubit lada hitam
- Dua sudu besar minyak zaitun
- Satu paun ketul ayam
- Setengah sudu besar bawang putih cincang
- Dua cawan tomato cincang
- Satu cawan bawang cincang
- Satu cawan pasli cincang
- Satu cawan stok sayur
- Satu cawan air
- Setengah cawan jus lemon

ARAHAN:
a) Ambil kuali besar.
b) Masukkan bawang cincang dan minyak zaitun ke dalamnya.
c) Campurkan bahan-bahan dengan baik.
d) Masukkan bawang putih yang dicincang ke dalam kuali.
e) Masukkan tomato, oregano, daun bay, garam, lada hitam, thyme, paprika salai, campurkan serbuk rempah, dan daun kucai ke dalam kuali.
f) Masak bahan-bahan dengan baik.
g) Masukkan kepingan ayam dan jus lemon ke dalam adunan.
h) Masukkan stok sayur dan air ke dalam kuali.
i) Campurkan sup dengan baik.
j) Letakkan penutup di atas kuali.
k) Masak sup selama sepuluh hingga lima belas minit.
l) Hidangkan sup apabila kepingan ayam siap.
m) Hiaskan hidangan dengan pasli cincang di atas.

88.Pitas Sayur Yunani

BAHAN-BAHAN:
- Dua sudu besar minyak zaitun
- Dua keping roti pita
- Dua telur besar
- Satu tomato ceri masak
- Dua cawan sayur campur
- Satu cawan bawang cincang
- Setengah cawan basil cincang
- Suku cawan keju feta hancur
- Sedikit garam
- Secubit lada hitam
- Sekumpulan ketumbar cincang

ARAHAN:
a) Ambil kuali besar.
b) Masukkan minyak zaitun ke dalam kuali.
c) Masukkan bawang besar dan garam ke dalam kuali.
d) Masak bawang dengan baik dan kemudian masukkan lada hitam ke dalam kuali.
e) Masukkan sayur campur ke dalam adunan tadi.
f) Masukkan basil cincang ke dalam adunan.
g) Masak bahan-bahan dengan baik selama kira-kira lima belas minit.
h) Hidangkan apabila sayur-sayuran sudah siap.
i) Biarkan daging sejuk, dan kemudian masukkan keju feta yang hancur ke dalamnya.
j) Gaul sebati.
k) Panaskan roti pita.
l) Potong satu lubang pada roti dan masukkan adunan yang telah dimasak ke dalamnya.
m) Hiaskan roti dengan ketumbar cincang.

PENJERAHAN YUNANI

89. Kuki Mentega Greek

BAHAN-BAHAN:
- Setengah sudu teh buah pala
- Satu sudu teh ekstrak vanila
- Tiga setengah cawan tepung
- Setengah cawan gula
- Secawan mentega masin
- Satu sudu besar yis
- Dua telur besar
- Setengah sudu teh garam halal

ARAHAN:
a) Ambil mangkuk besar.
b) Masukkan bahan kering dalam mangkuk.
c) Campurkan semua bahan dengan baik.
d) Masukkan gula putih dan yis dalam mangkuk dengan dua sudu air panas.
e) Letakkan campuran yis di tempat yang lembap.
f) Masukkan mentega ke dalam bahan basah.
g) Masukkan adunan yis dan telur ke dalam adunan biskut.
h) Masukkan adunan yang telah dibentuk ke dalam piping bag.
i) Buat biskut bulat kecil di atas loyang dan bakar biskut.
j) Hidangkan biskut apabila siap.
k) Hidangan sedia untuk dihidangkan.

90.Kuki Madu Yunani s

BAHAN-BAHAN:
- Setengah sudu teh buah pala
- Satu sudu teh ekstrak vanila
- Tiga setengah cawan tepung
- Setengah cawan madu
- Setengah cawan minyak
- Satu sudu besar yis
- Dua telur besar
- Setengah sudu teh garam halal

ARAHAN:
a) Ambil mangkuk besar.
b) Masukkan bahan kering dalam mangkuk.
c) Campurkan semua bahan dengan baik.
d) Masukkan madu dan yis dalam mangkuk dengan dua sudu besar panas
e) air.
f) Letakkan campuran yis di tempat yang lembap.
g) Masukkan minyak ke dalam bahan basah.
h) Masukkan adunan yis dan telur ke dalam adunan biskut.
i) Masukkan adunan yang telah dibentuk ke dalam piping bag.
j) Buat biskut bulat kecil di atas loyang dan bakar biskut.
k) Hidangkan biskut apabila siap.
l) Hidangan sedia untuk dihidangkan.

91.Kek Walnut Yunani

BAHAN-BAHAN:
- Satu cawan sos vanila
- Setengah cawan mentega
- Suku cawan gula
- Satu perempat sudu teh buah pelaga tanah
- Secawan tepung
- Secubit baking soda,
- Satu telur
- Secawan badam yang dihiris
- Untuk Frosting
- Setengah cawan sos vanila
- Setengah cawan krim berat
- Setengah cawan mentega
- Setengah cawan gula perang
- Satu perempat sudu teh kayu manis

ARAHAN:
a) Ambil mangkuk besar.
b) Masukkan adunan kek dan gaul semua bahan.
c) Buat adunan dan tuangkan ke dalam loyang.
d) Pastikan loyang digris dengan betul dan dialas dengan kertas minyak.
e) Masukkan adunan walnut dan gaulkan semua bahan.
f) Bakar kek.
g) Hidangkannya apabila selesai.
h) Buat frosting vanila dan krim dengan pukul mentega dan krim dahulu sehingga kembang.
i) Masukkan bahan-bahan lain dan pukul selama lima minit.
j) Masukkan vanilla dan cream frosting di atas kek.
k) Pastikan untuk menutup semua sisi kek dengan frosting.
l) Potong kek menjadi kepingan.
m) Hidangan sedia untuk dihidangkan.

92. Baklava Yunani

BAHAN-BAHAN:
- Lapan auns mentega
- Satu pek helaian phyllo
- Satu sudu teh ekstrak vanila
- Setengah cawan kacang cincang (pilihan anda)
- Secawan madu
- Secawan gula
- Satu sudu teh kayu manis tanah
- secawan air

ARAHAN:
a) Ambil mangkuk besar.
b) Masukkan mentega ke dalamnya dan pukul sebati.
c) Masukkan kacang, kayu manis dan madu ke dalam mangkuk mentega.
d) Campurkan bahan-bahan dengan baik.
e) Masukkan pudina kering ke dalam mangkuk dan gaul rata.
f) Sapukan helaian phyllo dalam dulang pembakar yang telah digris.
g) Masukkan campuran kacang ke dalam kepingan phyllo dan tutupnya dengan lebih banyak kepingan phyllo.
h) Bakar baklava selama kira-kira empat puluh minit.
i) Masukkan gula dan air dalam periuk dan masak.
j) Buang baklava dan potong-potong.
k) Tuangkan sirap gula ke atas baklava
l) Hidangkan baklava.
m) Hidangan sedia untuk dihidangkan.

93. Krim Sedap Nanas

BAHAN-BAHAN:
- 2 cawan ketulan nanas beku
- 1 pisang masak, dikupas dan dibekukan
- ½ cawan santan
- 1 sudu besar madu atau sirap maple (pilihan)
- 1 sudu teh ekstrak vanila (pilihan)
- Hirisan nanas segar dan daun pudina untuk hiasan (pilihan)

ARAHAN:
a) Pastikan kedua-dua ketulan nanas beku dan pisang beku dibekukan dengan betul. Anda boleh membekukannya selama beberapa jam atau semalaman.
b) Dalam pemproses makanan atau pengisar berkelajuan tinggi, gabungkan nanas beku, pisang beku, santan dan madu (atau sirap maple jika digunakan).
c) Jika mahu, tambah ekstrak vanila untuk rasa tambahan.
d) Kisar semua bahan sehingga adunan licin dan berkrim. Anda mungkin perlu berhenti dan mengikis bahagian tepi beberapa kali untuk memastikan adunan sekata.
e) Rasa krim yang bagus dan laraskan kemanisan mengikut keinginan anda dengan menambah lebih banyak madu atau sirap maple jika perlu.
f) Setelah adunan sebati dan mempunyai konsistensi yang licin seperti aiskrim, ia sudah siap.
g) Anda boleh menikmatinya serta-merta sebagai aiskrim yang dihidangkan lembut atau memindahkannya ke dalam bekas dan membekukannya untuk tekstur yang lebih pejal.
h) Jika anda membekukannya untuk tekstur yang lebih pejal, adalah idea yang baik untuk membiarkannya berada pada suhu bilik selama beberapa minit sebelum mencedok.
i) Hiaskan Pineapple Nice Cream anda dengan hirisan nanas segar dan daun pudina untuk persembahan yang cantik (pilihan).
j) Hidangkan dan nikmati Pineapple Nice Cream yang lazat dan sihat!

94.Kek Oren Yunani

BAHAN-BAHAN:
- Secawan jus oren
- Setengah cawan mentega
- Suku cawan gula
- Satu suku sudu teh buah pelaga kisar
- Secawan tepung
- Secubit baking soda,
- Sebiji telur
- Dua sudu teh kulit oren

ARAHAN:
a) Ambil mangkuk besar.
b) Masukkan adunan kek dan gaul semua bahan.
c) Buat adunan dan tuangkan ke dalam loyang.
d) Pastikan loyang digris dengan betul dan dialas dengan kertas minyak.
e) Bakar kek.
f) Hidangkannya apabila selesai.
g) Potong kek menjadi kepingan.
h) Hidangan sedia untuk dihidangkan.

95. Donat Yunani (Loukoumades)

BAHAN-BAHAN:
- Setengah cawan mentega
- Lapan telur
- Dua cawan gula
- Tiga cawan tepung
- Secawan susu
- Satu sudu besar serbuk penaik
- Dua sudu besar krim masam
- Satu sudu teh gula buah pelaga
- Satu sudu teh baking soda
- Dua sudu besar madu

ARAHAN:
a) Dalam mangkuk besar, campurkan semua bahan kecuali gula pelaga dan madu.
b) Bentukkan doh separa pekat daripada adunan.
c) Panaskan kuali berisi minyak.
d) Buat struktur bulat seperti donat dengan bantuan pemotong donat.
e) Goreng donut.
f) Biarkan donat sejuk.
g) Siramkan madu di atas donat.
h) Masukkan gula kayu manis ke seluruh donat.

96. Puding Kastard Susu Greek

BAHAN-BAHAN:
- Dua cawan susu penuh
- Dua cawan air
- Empat sudu besar tepung jagung
- Empat sudu besar gula putih
- Dua kuning telur
- Satu perempat sudu teh serbuk kayu manis

ARAHAN:
a) Ambil periuk besar.
b) Masukkan air dan susu keseluruhan.
c) Biarkan cecair mendidih selama lima minit.
d) Masukkan kuning telur dan gula ke dalam adunan susu.
e) Masak semua bahan dengan baik selama tiga puluh minit atau sehingga ia mula menjadi pekat.
f) Teruskan mengacau.
g) Masukkan serbuk kayu manis di atas.
h) Hidangan sedia untuk dihidangkan.

97. Pastri Sirap Almond Greek

BAHAN-BAHAN:
- Lapan auns sirap badam
- Satu pek helaian phyllo
- Satu sudu teh buah pala kering
- Setengah cawan kacang cincang (pilihan anda)
- Secawan madu thyme
- Tujuh auns mentega

ARAHAN:
a) Ambil mangkuk besar.
b) Masukkan mentega ke dalamnya dan pukul sebati.
c) Masukkan kacang dan sirap badam ke dalam mangkuk mentega.
d) Campurkan bahan-bahan dengan baik.
e) Sapukan helaian phyllo dalam dulang pembakar yang telah digris.
f) Masukkan campuran kacang ke dalam kepingan phyllo dan tutupnya dengan lebih banyak kepingan phyllo.
g) Bakar pastri selama kira-kira empat puluh minit.
h) Hidangkan pastri.
i) Tuangkan thyme madu di atas pai.
j) Hidangan sedia untuk dihidangkan.

98. Roti Pendek Badam Yunani

BAHAN-BAHAN:
- Setengah sudu teh pes kacang vanila
- Dua setengah cawan tepung
- Setengah sudu teh serbuk penaik
- Secawan mentega tanpa garam
- Sebiji kuning telur
- Dua cawan gula aising
- Setengah cawan badam cincang

ARAHAN:
a) Ambil mangkuk besar.
b) Masukkan pes kacang vanila, tepung, serbuk penaik, mentega tanpa garam, kuning telur, dan badam ke dalam mangkuk.
c) Campurkan semua bahan dan masukkan ke dalam dulang pembakar.
d) Bakar adunan selama tiga puluh minit.
e) Hidangkan roti dan potong menjadi kepingan.
f) Taburkan roti dengan gula aising.

99. Greek Orange Blossom Baklava

BAHAN-BAHAN:
- Lapan auns mentega
- Satu pek helaian phyllo
- Satu sudu teh ekstrak vanila
- Setengah cawan kacang cincang (pilihan anda)
- Secawan madu
- Secawan gula
- Satu sudu teh serbuk oren yang dikisar
- secawan air

ARAHAN:
a) Ambil mangkuk besar.
b) Masukkan mentega ke dalamnya dan pukul sebati.
c) Masukkan kacang, serbuk oren, dan madu ke dalam mangkuk mentega.
d) Campurkan bahan-bahan dengan baik.
e) Masukkan pudina kering ke dalam mangkuk dan gaul rata.
f) Sapukan helaian phyllo dalam dulang pembakar yang telah digris.
g) Masukkan campuran kacang ke dalam kepingan phyllo dan tutupnya dengan lebih banyak kepingan phyllo.
h) Bakar baklava selama kira-kira empat puluh minit.
i) Masukkan gula dan air ke dalam periuk dan masak.
j) Hidangkan baklava dan potong menjadi kepingan.
k) Tuangkan sirap gula ke atas baklava
l) Hidangkan baklava.
m) Hidangan sedia untuk dihidangkan.

100. Madu Yunani dan Baklava Air Mawar

BAHAN-BAHAN:
- Lapan auns mentega
- Satu pek helaian phyllo
- Satu sudu teh ekstrak vanila
- Setengah cawan kacang cincang (pilihan anda)
- Secawan madu
- Secawan gula
- Satu sudu teh air mawar
- secawan air

ARAHAN:
a) Ambil mangkuk besar.
b) Masukkan mentega ke dalamnya dan pukul sebati.
c) Masukkan kacang, air mawar, dan madu ke dalam mangkuk mentega.
d) Campurkan bahan-bahan dengan baik.
e) Masukkan pudina kering ke dalam mangkuk dan gaul rata.
f) Sapukan helaian phyllo dalam dulang pembakar yang telah digris.
g) Masukkan campuran kacang ke dalam kepingan phyllo dan tutupnya dengan lebih banyak kepingan phyllo.
h) Bakar baklava selama kira-kira empat puluh minit.
i) Masukkan gula dan air dalam periuk dan masak.
j) Hidangkan baklava dan potong menjadi kepingan.
k) Tuangkan sirap gula ke atas baklava
l) Hidangkan baklava.
m) Hidangan sedia untuk dihidangkan.

KESIMPULAN

Semasa kami mengakhiri perjalanan kami melalui halaman "GREEKISH: RESEPI SETIAP HARI DENGAN AKAR YUNANI" yang dibasahi matahari, kami berharap anda telah merasai keajaiban masakan Greek dalam keselesaan dapur anda sendiri. Setiap resipi dalam halaman ini adalah bukti daya tarikan abadi rasa Mediterranean, di mana kesederhanaan memenuhi kecanggihan, dan setiap hidangan menjadi perayaan.

Sama ada anda telah menikmati lapisan moussaka yang menenangkan, menikmati kesegaran salad Greek atau menikmati kemanisan baklava, kami percaya bahawa 100 resipi ini telah membawa rasa Greece ke rumah anda. Di sebalik ramuan dan teknik, semoga anda telah merasai kemesraan layanan Yunani dan kegembiraan yang datang dengan berkongsi hidangan lazat dengan orang tersayang.

Sambil anda terus menerokai kekayaan kulinari Mediterranean, semoga "Greekish" memberi inspirasi kepada anda untuk menyemai masakan harian anda dengan semangat Greece. Dari kebun zaitun ke laut biru, biarkan intipati masakan Yunani berlarutan di dapur anda, mencipta detik kegembiraan, sambungan dan penemuan yang lazat. Opa, dan bersorak untuk keseronokan masakan Yunani yang tidak berkesudahan!